Émile Nelligan, 1879-1941.
Photo: Laprés et Lavergne (1899).

André Vanasse

Professeur de littérature québécoise et de création littéraire à l'Université du Québec à Montréal, André Vanasse est directeur littéraire chez XYZ éditeur et directeur de la revue *Lettres québécoises*. Il a publié des romans, des nouvelles et des textes critiques. Engagé dans le monde de l'édition depuis vingt-cinq ans, il a été aussi directeur de la revue *Voix et images*, membre fondateur de l'Association des littératures canadiennes et québécoise (ALCQ), et membre du premier bureau de la Commission du droit de prêt public (CDPP).

André Vanasse a reçu, en 1993, le Certificat de mérite de l'Association des études canadiennes, certificat qui soulignait son apport à la vie littéraire québécoise depuis plus de trente ans.

La collection
LES GRANDES FIGURES
est dirigée par
Louis-Martin Tard

Le comité éditorial est composé de
Jacques Allard
Jean Provencher
André Vanasse

Dans la même collection

Émile Nelligan

La publication de ce livre a été rendue possible
grâce à l'aide financière du Conseil des Arts du Canada,
du ministère des Communications du Canada,
de la direction des études canadiennes
et des projets spéciaux, Patrimoine canadien,
et du ministère de la Culture
et des Communications du Québec.

©

XYZ éditeur
1781, rue Saint-Hubert
Montréal (Québec)
H2L 3Z1
Téléphone: 514.525.21.70
Télécopieur: 514.525.75.37

et

André Vanasse

Dépôt légal: 4e trimestre 1996
Bibliothèque nationale du Canada
Bibliothèque nationale du Québec
ISBN 2-89261-179-2

Distribution en librairie:
Dimedia inc.
539, boulevard Lebeau
Ville Saint-Laurent (Québec)
H4N 1S2
Téléphone: 514.336.39.41
Télécopieur: 514.331.39.16

Conception typographique et montage: Édiscript enr.
Maquette de la couverture: Zirval Design
Illustration de la couverture: Francine Auger
Recherche iconographique: Michèle Vanasse

Émile NELLIGAN

LE SPASME DE VIVRE

teur

Du même auteur

Romans
La saga des Lagacé, Montréal, Leméac, coll. « Poche Québec », 1986, 208 p.
La vie à rebours, Montréal, Québec/Amérique, coll. « Littérature d'Amérique », 1987, 182 p.
Avenue De Lorimier, Montréal, XYZ éditeur, coll. « Romanichels », 1992, 208 p.

Romans pour la jeunesse
Des millions pour une chanson, Montréal, Québec/Amérique, coll. « Littérature jeunesse », 1988, 185 p.
Rêves de gloire, Montréal, La Courte Échelle, 1995, 160 p.
Claire St-Onge, avec la collaboration d'André Vanasse, *Amours, malices et... orthographe*, Montréal, XYZ éditeur, 1991, 160 p.

Documents critiques
La terre paternelle de Patrice Lacombe, introduction et notes d'André Vanasse, Montréal, Bibliothèque québécoise, 1993, 98 p.
Contes d'amour et d'enchantement du Québec, choix des contes, présentation et textes de liaison d'André Vanasse, Montréal, Mondia, 1989, 118 p. (livre accompagné de trois cassettes).
La littérature québécoise à l'étranger. Guide aux usagers, Montréal, XYZ éditeur, 1989, 96 p.
Le père, la Méduse et les fils castrés, psychocritiques d'œuvres québécoises contemporaines, Montréal, XYZ éditeur, coll. « Études et documents », 1990, 126 p.

À Juliette,
pour la beauté,
la jeunesse
et la poésie

Émile Nelligan, interné à l'asile Saint-Benoît-Joseph-Labre à Longue-Pointe en 1899, est transféré à l'hôpital Saint-Jean-de-Dieu en 1925.

1

Avant de partir…

— Je vous en prie, monsieur Nelligan, réveillez-
vous. C'est l'heure de votre petit déjeuner.

Sœur Marie-du-Saint-Sauveur est affolée. Émile
Nelligan semble fort mal en point. Depuis dix minu-
tes, elle tente de le sortir de sa torpeur, mais rien n'y
fait. Il est dans un état comateux qui laisse présager le
pire.

Au cours des dernières semaines, la santé d'Émile
Nelligan s'est détériorée. Amaigrissement constant,
respiration haletante, sommeil de plus en plus pro-
longé et incapacité d'ingurgiter quoi que ce soit.
Nelligan souffre de dysfonctionnements multiples :
bronchites chroniques, insuffisance cardiaque, compli-
cations rénales, prostatites aiguës.

Sœur Marie-du-Saint-Sauveur sait que les jours du poète fou sont comptés et qu'il rendra bientôt l'âme. On l'a retiré du dortoir commun. Il a été transféré de la salle Saint-Patrice à la salle Saint-Roch. Il dispose d'une chambre pour lui seul, loin du bruit et de l'agitation des autres patients.

Émile Nelligan a soixante et un ans. Il a passé plus de quarante ans en institution psychiatrique. C'est en août 1899 qu'il a été admis à l'asile Saint-Benoît-Joseph-Labre à Longue-Pointe. Les Drs Brennan et Gagnon avaient alors diagnostiqué une « dégénérescence mentale et une folie polymorphe ». Il y est resté vingt-cinq ans, puis il a été envoyé à l'hôpital Saint-Jean-de-Dieu[1].

Cela fait maintenant plus de quinze ans qu'il circule dans les corridors de l'institution en traînant son chariot de linge sale. La plupart du temps, il est perdu dans ses rêves. Parfois, il sombre dans sa neurasthénie. Une immense fatigue l'accable alors. Anéanti, fixant le plancher, il reste prostré, amorphe, totalement silencieux.

Par contre, dans ses bons moments, il récite des poèmes aux rares visiteurs qui viennent le voir. Sa voix est belle et grave. Il a encore de beaux et grands gestes. Sa mémoire, autrefois phénoménale, lui joue cependant des tours : il confond ses créations avec celles des poètes qu'il a le plus admirés. Il mêle tout.

À vrai dire, Émile Nelligan n'est plus que l'écho sonore du grand génie qu'il a été. Tout s'est éteint alors qu'il n'avait même pas atteint l'âge de vingt et

---

1. Aujourd'hui, l'hôpital Louis-Hippolyte-Lafontaine.

un ans. Il n'en est jamais revenu. Un ressort s'est brisé en lui. Comme une mécanique à tout jamais cassée.

Cela s'est produit après une réclusion de plusieurs semaines. Émile voulait à tout prix terminer son recueil, *Le récital des anges*, qu'il destinait ultimement à un éditeur parisien.

Des heures et des heures à écrire dans sa chambre de la rue Laval, en face du carré Saint-Louis. Parfois, quand son père, furieux de le voir noircir son cahier de niaiseries, lui coupait le gaz, c'est à la chandelle qu'Émile écrivait, la rage au cœur et une haine rentrée contre cet imbécile qui ne comprenait rien à l'art. Dieu, qu'il l'avait détesté, ce père intransigeant et colérique! Comment pouvait-il oser déchirer ses poésies comme si c'étaient de vulgaires griffonnages? Cet homme avait-il le droit de jeter à la poubelle les poèmes sur lesquels Émile avait travaillé pendant des heures, des jours, des semaines?

C'est du reste au cours de cette période que les dérapages avaient commencé: colères monstres, hurlements sans fin, altercations de plus en plus violentes avec son père. Les yeux fous, Émile faisait peur. Après ses crises, il éprouvait une fatigue si considérable qu'il avait l'impression d'avoir été coulé dans du béton. Chaque geste lui coûtait des efforts inouïs. Abattu, indifférent à tout, même à lui-même, il restait alors plongé dans une complète catalepsie.

Or, à mesure que le temps avançait, les choses empiraient. On racontait même que, lors de ses rares sorties, incohérent, il récitait pêle-mêle devant les badauds des poèmes en français, en anglais et en allemand! «Pauvre type, disaient les gens, il est complètement sonné.»

Inquiets, ses parents l'avaient amené voir un spécialiste des maladies nerveuses. Cela n'avait rien donné. Son père, pour le secouer, avait même tenté de le confier à l'École de réforme. «*You need to be drilled*[1]», avait tonné cet Irlandais qui, à la maison, ne parlait que la langue de Shakespeare. Émilie, la mère du poète, avait essayé de raisonner son mari. Il s'était obstiné. Heureusement, l'abbé J. Amédée Thérien, chapelain et responsable de l'école, avait fait comprendre à M. David Nelligan que son fils n'était pas un délinquant, mais plutôt un malade nerveux. Il lui avait suggéré de l'envoyer à l'asile Saint-Benoît, dirigé par sa communauté, les Frères de la charité.

Quand la décision avait été prise en ce 9 août 1899, c'était sans résistance qu'Émile s'y était laissé mener. Là ou ailleurs, qu'est-ce que cela pouvait changer? Il savait alors qu'il avait raté son projet, qu'il n'avait pas mené à terme son immense et fabuleux *Récital des anges* dans lequel il avait tout investi. Il était si fatigué, si désespéré que cette réclusion lui apparaissait comme une délivrance.

Au moment de son départ, des centaines de feuillets gisaient épars dans sa chambre. Il avait transcrit dans un cahier ses meilleurs poèmes, mais tout cela lui semblait soudainement d'une vanité incroyable: des brouillons d'écolier, des petites rimettes, des niaiseries sans nom. Que son père jetât tout cela à la poubelle comme il l'avait fait si souvent, cette fois-ci, Émile ne

---

1. «Cet enfant doit être mis au pas.»

protesterait pas. C'est vrai qu'il avait perdu son temps au lieu de consacrer son énergie à l'apprentissage d'un métier ou à la poursuite de longues études qui lui auraient permis de devenir médecin, avocat, notaire… Mais, au lieu de suivre les conseils de ses parents, il avait quitté le collège Sainte-Marie sur un coup de tête et avait mené une vie de bohème qui l'avait plongé dans cet état lamentable. Une honte !

Pendant que sœur Marie-du-Saint-Sauveur le secoue pour qu'il revienne à lui, c'est le souvenir de sa vie ratée qui se présente à sa mémoire. Il songe à «Premier remords», ce poème qu'il avait expressément écrit pour consoler sa mère :

Au temps où je portais des habits de velours,
Éparses sur mon col roulaient mes boucles
    brunes.
J'avais de grands yeux purs comme le clair des
    lunes ;
Dès l'aube je partais sac au dos, les pas lourds.

Mais en route aussitôt je tramais des détours,
Et, narguant les pions de mes jeunes rancunes,
Je montais à l'assaut des pommes et des prunes
Dans les vergers bordant les murailles des cours.

Étant ainsi resté loin des autres élèves,
Loin des bancs, tout un mois, à vivre au gré des
    rêves,
Un soir, à la maison, craintif, comme j'entrais,

Devant le crucifix où sa lèvre se colle
Ma mère était en pleurs !… Ô mes ardents regrets !
Depuis, je fus toujours le premier à l'école.

Tout cela n'était que mensonge. Cette résolution qu'Émile avait prise de devenir un élève modèle, il ne l'avait jamais suivie. Il s'était donné tout juste le temps de se prouver à lui-même qu'il n'était pas un cancre. Ses notes avaient fait, l'espace d'un trimestre, une montée vertigineuse pour aussitôt redescendre à leur ancien niveau. L'élève modèle qu'il avait juré de devenir avait pris la clé des champs et courait la bohème. Et sa mère avait recommencé à pleurer.

Cela, il ne se l'était jamais pardonné. Mais, en ce jour où on le conduisait à l'asile, la terrible déception qu'il avait causée à sa mère le laissait indifférent. Il y avait ce vide en lui, un vide si profond qu'il ne voyait même pas le paysage défiler sous ses yeux. Une pluie fine balayait la route. Tout était gris comme sa vie. Il n'écoutait que le pas régulier du cheval qui avançait lentement pendant que les roues du fiacre s'enfonçaient en crissant dans le gravier. Et dans le grand silence qui tanguait au même rythme que la voiture, d'autres vers, encore plus sombres, l'obsédaient sans arrêt :

> Qu'il est doux de mourir quand notre âme s'afflige,
> Quand nous pèse le temps tel qu'un cuisant remords,
> — Que le désespoir ou qu'un noir penser l'exige —
> Qu'il est doux de mourir alors[1] !

1. Émile Nelligan, « Rêve fantasque », *Poésies complètes 1896-1899*, texte établi et annoté par Luc Lacourcière, Montréal, Fides, coll. « Nénuphar », 1952. Tous les poèmes sont tirés de cette édition.

Qu'il eût été doux, en effet, songeait-il, de mourir dans cette campagne qui n'en finissait pas de dérouler platement ses arbres et ses champs, loin de tous ceux qui l'avaient tant fait souffrir et qui n'avaient jamais compris qu'il s'était donné à la poésie comme d'autres consacrent leur vie à Dieu. Mais la poésie s'était révélée être une méchante maîtresse. Elle l'avait abandonné sur une route pluvieuse sans le moindre remords.

Comme Françoise qui l'avait chassé de sa maison comme un vulgaire intrus.

Sur son lit d'agonie, Émile repousse du revers de la main cette image qui vient de s'imposer à lui. Il marmonne des mots inintelligibles. Il ne veut plus penser à Françoise, sa « sœur d'amitié » avec laquelle il a rompu à tout jamais. Il dit : « Non, non, disparais de ma vue, femme détestée, toi que j'ai tant adulée. »

Il respire avec peine, fait non de la tête, se frappe l'occiput contre l'oreiller. Cela dure plusieurs minutes. Une lutte épuisante contre les démons de sa mémoire. Frappe et frappe contre l'oreiller.

Pendant qu'il rêve à des jours passés, sœur Marie-du-Saint-Sauveur tente de le ramener à la conscience. « Réveillez-vous », répète-t-elle sans arrêt. Cette sœur l'adore. Émile est un peu son chouchou.

Même s'il n'est pas toujours d'une propreté exemplaire, il garde toujours ses airs de grand seigneur. Il porte quotidiennement le veston et la cravate. Poli et déférent, il accomplit sa tâche avec sérieux. Tous les jours, il l'accompagne dans sa tournée, l'aide à jeter le linge sale des patients dans son grand chariot. Peu loquace, il fixe le plancher.

Sœur Marie-du-Saint-Sauveur est jeune. Elle est entrée en communauté il y a tout juste deux ans. Dieu lui a fait signe bien qu'elle soit fort jolie. Elle a dit oui, heureuse de savoir qu'elle pourrait aider plus démuni qu'elle. Elle a la foi du charbonnier. Cela ne l'empêche pas de savoir qu'elle a d'immenses yeux noirs et un si charmant visage que les hommes se retournent à tout coup sur son passage. Elle a beau porter la cornette et cacher son corps dans un large costume de novice, elle voit bien qu'elle ne laisse personne indifférent.

Émile Nelligan a succombé à ses charmes. Il ose à peine la regarder, tant il la trouve belle. Elle le sait, elle le sent. Mais elle garde la tête froide. «Dieu m'a mise sur terre pour que je me mette à son service. S'il m'a faite belle, c'est sans doute pour m'éprouver. Protégez-moi, Seigneur, de la vanité. Faites que la beauté que vous m'avez donnée serve plutôt à votre rayonnement.»

Il n'empêche qu'elle se sent flattée. Un jour, le poète a osé lui demander :

— Sœur Marie-du-Saint-Sauveur, accepteriez-vous que je vous dédie quelques-uns de mes poèmes ?

Elle a dit oui pour lui faire plaisir, ne sachant si sa supérieure lui permettrait de les lire, mais convaincue que cet acquiescement ne pouvait que faire du bien au poète vieillissant.

Intimidé, incapable de supporter plus longtemps l'angoisse qu'avait provoquée cette demande, Émile Nelligan a abandonné brusquement son chariot et s'est enfui en direction de son lit.

Sœur Marie-du-Saint-Sauveur l'a gentiment rappelé à l'ordre :

— Monsieur Nelligan, je vous en prie, ne partez pas écrire tout de suite vos poèmes, j'ai besoin de vous pour le moment. Nous avons une tâche à accomplir.

Et alors, elle a vu le poète s'arrêter, réfléchir, puis revenir sur ses pas, l'air penaud. Comme un enfant pris en faute.

Sœur Marie-du-Saint-Sauveur aurait voulu le prendre dans ses bras, lui dire de pas s'en faire, l'assurer qu'elle était touchée, qu'elle appréciait infiniment la confiance qu'il lui témoignait, mais elle s'est retenue par pudeur. Elle a attendu son retour, observant son visage émacié, son dos voûté, sa moustache grisonnante et sa démarche un peu bizarre. Se rappelant du même coup la mélancolie insupportable qu'elle avait perçue dans ses yeux gris-bleu quand il lui avait proposé de lui offrir des poèmes.

Elle sait qu'il est un poète célèbre. Des gens viennent le voir. Parfois des classes entières d'étudiants. Intimidé, Émile Nelligan récite alors mécaniquement son « Vaisseau d'or ».

Ce fut un grand Vaisseau taillé dans l'or massif :
Ses mâts touchaient l'azur, sur des mers inconnues ;
La Cyprine d'amour, cheveux épars, chairs nues,
S'étalait à sa proue, au soleil excessif.

Mais il vint une nuit frapper le grand écueil
Dans l'Océan trompeur où chantait la Sirène,
Et le naufrage horrible inclina sa carène
Aux profondeurs du Gouffre, immuable cercueil.

Ce fut un Vaisseau d'Or, dont les flancs diaphanes
Révélaient des trésors que les marins profanes,

Dégoût, Haine, Névrose, entre eux ont
   disputés.

Que reste-t-il de lui dans la tempête brève ?
Qu'est devenu mon cœur, navire déserté ?
Hélas ! Il a sombré dans l'abîme du Rêve !

Chaque fois qu'elle l'a entendu ainsi réciter ces
vers, sœur Marie-du-Saint-Sauveur s'est sentie peinée.
«Cet homme souffre, se disait-elle. Devant ces gens
qu'il ne connaît pas et qui l'effraient, il s'exécute, mais
l'âme n'y est pas.» La jeune novice ne pouvait s'empê-
cher de se rappeler le jour où, en confiance, il avait
déclamé pour elle seule ce fameux poème. Alors, pour
la première fois, elle avait compris ce qu'était la poésie.
C'était d'une intensité telle qu'elle en avait été totale-
ment bouleversée. Ce jour-là, elle avait découvert le
vrai Nelligan. Et du même coup sa beauté l'avait frap-
pée. Son visage s'était enfin animé, son corps s'était
redressé et sa voix — ah ! cette voix extraordinairement
riche ! — l'avait enchantée. Peut-être était-ce parce
que le poète avait retrouvé l'âme de sa jeunesse, mais
elle avait été étonnée d'y percevoir un léger accent
anglais qu'elle n'avait jamais noté jusqu'alors. Elle
s'était sentie tellement émue par cette récitation que
les larmes lui étaient montées aux yeux, que ses lèvres
avaient tremblé quand elle l'avait remercié. C'est de ce
jour qu'était née leur amitié. Une amitié qui au début
inquiétait sœur Marie-du-Saint-Sauveur. Il lui semblait
que M. Nelligan y mettait un peu trop d'ardeur…
   C'est à cette époque qu'elle est allée voir le
Dr Lahaise pour savoir comment agir avec M. Nelligan.

Le Dr Lahaise, qui vénère Émile Nelligan et qui lui prête fréquemment des livres de poésie, l'a convaincue de continuer à agir comme elle le faisait :

— Cet homme est si seul, si démuni, que l'affection que vous lui manifesterez ne pourra que lui être salutaire. Et puis, il est si timide, si prude. Vous n'avez rien à craindre de lui.

Le Dr Lahaise connaît bien son patient. Il le traite depuis plusieurs années. Il sait que son mal est incurable bien qu'Émile Nelligan fait souvent preuve d'une extrême lucidité. Qu'est-ce qui a bien pu provoquer cette maladie incurable ? Tout médecin qu'il soit, le Dr Lahaise ne peut le dire avec exactitude. Il sait seulement que son cerveau a été atteint de façon irrémédiable et que les causes qui ont provoqué cet état sont multiples. Elles peuvent être autant circonstancielles qu'héréditaires. Une forte fièvre, par exemple, aurait pu engendrer des lésions cérébrales. Il sait surtout que le tableau familial est loin d'être reluisant. Le père d'Émile n'est-il pas mort alcoolique après avoir eu de sérieux problèmes de comportement ? Sa mère n'a-t-elle pas connu, à la suite du départ de son fils, une interminable dépression ? Terrée chez elle, elle refusait de continuer à fréquenter ses anciennes amies. Elle a même été atteinte de schizophrénie. Quant à sa sœur Éva, célibataire, elle a longtemps souffert de neurasthénie et même de paranoïa. Le Dr Lahaise, homme humble et pieux, mais aussi un grand poète, a appris avec le temps qu'on ne guérit pas un patient atteint de psychose. On le soigne. On lui accorde surtout son soutien.

C'est ce qu'il fait avec Émile Nelligan. Ce dernier l'a pris en affection. Ils se voient souvent. Parfois, le bon Dr Lahaise, qu'Émile Nelligan appelle souvent « M. Leconte de Lisle », lui apporte des recueils de poésie. Émile les lit, puis il se rend au petit pavillon du docteur, sis à l'intérieur de l'enceinte de l'hôpital, pour lui rendre les livres et le remercier. Leurs rencontres sont en général plutôt brèves. Émile, trop timide pour entretenir une conversation en présence de la femme et des enfants du docteur, marmonne quelques phrases avant de quitter précipitamment la pavillon.

Mais cela n'empêche pas le psychiatre de vouer un très grand respect au poète. Il est profondément attristé par la maladie qui a frappé son poète préféré. Mais que peut-il y faire sinon prendre sous son aile cet oiseau blessé chaque fois que l'occasion se présente ? Il montre la même pudeur et la même discrétion que Nelligan. Ils sont frères en poésie.

Ils le sont d'autant plus que le Dr Lahaise a, lui aussi, écrit de la poésie dans sa jeunesse. Par la suite, sa plume s'est tarie. Quand il a publié *Phases* sous le pseudonyme de Guy Delahaye, il a tenu à dédier son recueil « au génie de Nelligan éternellement vivant ». Il n'avait que vingt-deux ans alors. Deux ans plus tard, il revenait à la charge avec *Mignonne, allons voir si la rose*, recueil qui avait fait beaucoup de bruit à cause de la facture des poèmes résolument moderne à une époque où régnait le conservatisme le plus rigide. Puis le silence est venu. Il a cessé d'écrire, tout entier plongé dans une recherche mystique dont est né le seul livre publié par la suite : *L'unique voie à l'unique but : l'immaculée conception.*

Émile Nelligan a donc continué d'accompagner la novice, mais jamais il ne lui a remis les poèmes promis.

Cela arrangeait sœur Marie-du-Saint-Sauveur. Elle était tout de même flattée d'être devenue la muse de Nelligan et contente de savoir que tout cela restait entre elle et lui.

De le voir à l'article de la mort lui brise le cœur. Elle a beaucoup d'affection pour cet homme qui a tant souffert. Elle voudrait qu'il soit toujours à ses côtés. Grâce à lui, elle éprouve le sentiment de remplir pleinement sa mission qui consiste non seulement à donner son soutien à des gens qui ont grand besoin d'elle, mais aussi à leur procurer une certaine joie de vivre.

Elle souhaite qu'il ouvre une dernière fois les yeux et qu'il emporte avec lui l'image d'une personne aimante. Mais les yeux de Nelligan restent fermés. C'est en lui-même qu'il regarde. Tout à coup, sa vie lui apparaît dans un grand tableau. Ce sont des pans entiers qui défilent sous ses yeux. Il les voit dans une clarté éblouissante. Pour la première fois depuis quarante ans, il lui semble que sa vie a un sens. Il comprend subitement pourquoi il a cessé de vivre en ce mois d'août 1899, pourquoi l'asile lui a paru un havre plus enviable que la vie en société.

Et alors, il est saisi d'une grande tristesse. « J'ai perdu ma vie à me fermer les yeux, pense-t-il. Si je les avais ouverts, si j'avais osé affronter le regard de la Méduse, peut-être que je n'aurais jamais mis les pieds dans cet asile et que j'aurais pu continuer à rimer toute ma vie… »

À cet instant précis, il lui paraît absolument nécessaire de se réconcilier avec lui-même et de revoir le fil de son existence enchevêtrée. Ce sera son ultime voyage avant que son âme ne quitte son corps et ne s'en aille dans un au-delà qu'il n'a jamais pu imaginer.

Ce ne sont pas des visages qu'il voit d'abord, mais des décors, des scènes de ville et aussi des paysages de la campagne, tout cela jaillissant d'un album illustré. Il est ravi.

Il l'est encore plus quand il voit, au-dessus de toute cette orgie de couleurs, planer l'image de sa mère. Et la voyant aussi belle qu'au temps de son enfance, il a envie de la toucher cependant que sœur Marie-du-Saint-Sauveur fait des efforts inouïs pour tenter de le ramener au réel. Émile s'y refuse. « Qu'on me laisse en paix. Le temps presse. La mort est là, tout près... »

Émilie Amanda Hudon
et David Nelligan,
parents d'Émile Nelligan,
vers 1890.

Béatrice Éva et Gertrude Freda,
sœurs d'Émile Nelligan, en 1886.

Émile Nelligan, le jour de
sa première communion.

2

Cacouna, parfums de femmes

On pourrait croire que, revoyant sa vie, Émile Nelligan saisirait sur le vif les heures de gloire passées à l'École littéraire de Montréal, en particulier ce moment inoubliable où il a été porté à bout de bras par une foule en délire après la lecture de « La romance du vin ». Mais ce n'est pas le cas. Les images sur lesquelles il fixe d'abord son regard sont celles qui lui rappellent Cacouna.

C'est plus que des images de vacances. Ce sont des images de bonheur, car c'est là, à l'âge de cinq ans, qu'il a découvert le vrai visage de sa mère. Avant, il ne connaissait que l'exilée de Montréal. Une femme très belle qu'il adorait, qui le chouchoutait, mais qui gardait toujours un air un peu triste.

Durant ses premières vacances à Cacouna, il avait vu une métamorphose s'accomplir sous ses yeux: cette femme sérieuse, peu souvent rieuse, était redevenue une enfant dès l'instant où elle avait mis les pieds à Cacouna. Et du coup, sa beauté s'en était accrue. Elle dégageait une telle volupté, un tel bonheur d'être que le petit Émile en était tout bouleversé. Qu'il l'aimait tout à coup, cette femme qui lui avait donné la vie et prodigué un amour infini!

Il se souvient avec une grande acuité de ce premier voyage. Peut-être est-ce parce qu'il avait été terriblement effrayé par ce départ. Chose certaine, il n'a jamais oublié tout le branle-bas qu'avaient provoqué ces vacances à Cacouna.

D'abord, l'énorme malle remplie jusqu'à ras bord, puis les autres valises et le panier à provisions. Tout cela qu'il avait fallu transporter à l'arrière du fiacre pendant que le cocher ne cessait de se plaindre.

— Vous en emportez des choses, madame. Est-ce que vous déménagez?

Mme Nelligan ne répondait pas. Elle savait qu'elle partait pour deux mois et que ces bagages étaient nécessaires. Elle exhortait plutôt Marie-Rose, la bonne, à aider le pauvre homme qui était débordé.

Le comble est qu'il avait fallu tout décharger à la gare, déposer la malle et les valises dans un grand chariot qu'un préposé avait amené jusqu'au quai d'embarquement.

Et alors, ç'avait été le grand départ. Émile avait entendu pour la première fois le sifflet du train, un long cri étouffé et aigu qui l'avait terrifié. Mais, sortant la tête de la fenêtre, il avait été encore plus impressionné par les immenses jets de vapeur blanche qui s'échappaient du ventre de la locomotive. Et au moment du départ, le petit Émile avait carrément paniqué: cette écumante machine, n'était-ce pas par hasard un énorme dragon à l'agonie? Malgré les efforts considérables que déployait par saccades régulières la pauvre locomotive (le petit Émile avait même eu peur que cette dernière ne se couchât par terre et ne mourût au beau milieu de la gare!), le train bougeait à peine. On aurait dit que les wagons refusaient d'avancer alors que la locomotive — animal blessé mue par l'énergie du désespoir — s'entêtait à vouloir les tirer. Émile était au comble de la peur. Les wagons ne cessaient de se plaindre. Une sorte d'incroyable geignement métallique qui se répercutait partout dans la gare.

Mais la locomotive s'obstinait. Elle crachait la fumée avec fureur et tendait tous ses muscles d'acier. Et alors Émile avait vu les wagons se soumettre, en gémissant, comme si l'idée de partir au loin leur était insupportable.

Ça l'était pour le petit Émile qui ne disait mot, l'oreille tendue et l'œil aux aguets, redoutant le pire.

Comble de malheur, dès que la locomotive avait pris son erre d'aller, tous les enfants, Gertrude, Éva autant que lui, avaient été saisis d'un mal de cœur. Car le wagon tanguait pendant que défilait sous leurs yeux un paysage qui bougeait sans cesse. Cela les étourdissait. Heureusement qu'ils n'avaient pris qu'un léger déjeuner…

Devant la pâleur de ses enfants, Mme Nelligan avait décidé de baisser le store de la fenêtre pour leur permettre de se remettre de leurs émotions. Peu à peu, les choses s'étaient replacées. Les trois enfants s'étaient habitués aux mouvements du wagon, de sorte que la mère avait pu ouvrir de nouveau le store.

Alors se succédèrent devant eux des paysages qu'ils n'avaient jamais vus auparavant. Une suite ininterrompue d'arbres et de vallons. Quelque chose de grandiose et qui, bizarrement, laissait croire — si on se laissait prendre au jeu et qu'on fixât le lointain — que le train n'avançait pas. Comme si le paysage était infini et qu'il ne servît à rien de vouloir tenter de le dépasser...

Émile avait fini par s'endormir.

Il se réveilla brutalement quand il entendit les crissements des roues métalliques de la locomotive qui freinaient et le vacarme épouvantable qui s'ensuivit. Sa mère lui expliqua que le train faisait de fréquents arrêts pour que descendent et montent de nouveaux passagers, de même que pour livrer des marchandises et en prendre.

De fait, le trajet menant de Montréal à Cacouna prit un temps infini. Partie le matin de la gare Windsor, la famille n'y arriva que dans la soirée. Heureusement qu'un préposé de l'hôtel Cacouna était sur place pour les accueillir, car tous étaient vannés, les enfants et la bonne autant que Mme Nelligan. Si fatigués du reste que les gamins eurent à peine le temps de voir l'hôtel. Aussitôt installés, ils étaient déjà au lit et dormaient à poings fermés.

À son réveil, le lendemain matin, Émile ignorait qu'il garderait de cette journée un souvenir indélébile. Ce fut d'abord le petit déjeuner pris dans la salle à manger de l'hôtel, chose qu'il n'avait jamais connue, qui le remplit d'un grand étonnement. Il vit le personnel courir d'une table à l'autre pour servir à celui-ci un œuf poché, à cet autre des céréales. Il y avait une telle animation que le petit Émile oublia presque de manger.

Mais le grand moment de cette journée fut le départ vers la grève. Il ne reconnaissait plus sa mère. Elle était transformée. Elle s'était vêtue de façon légère, quoique décente, portant une longue jupe, mais aussi et surtout un chemisier de fin coton orné de fine dentelle au cou et aux poignets. Elle n'avait pas de veste et arborait une magnifique ombrelle. Tout son visage souriait. Il y avait une telle légèreté dans le mouvement de son corps qu'on l'aurait dite allégée du poids qui l'écrasait depuis toujours. Elle marchait, agile, sur le trottoir de bois de la rue principale.

Et quand la famille arriva près de la plage, ce fut l'incrédulité : devant eux apparut l'immense fleuve. Le spectacle était si impressionnant que toute la famille en resta bouche bée.

Mme Nelligan, après un long moment de silence, dit à Marie-Rose que ce paysage était le sien, qu'elle était née tout près de là, à Rimouski, ville dont son père, avocat, avait été le maire et que, toute son enfance, elle avait eu sous les yeux ce fleuve aimé, aussi vaste qu'une mer.

— Si tu savais, Marie-Rose, à quel point l'air salin me manque. Tu ne peux pas comprendre ce que cela peut signifier pour moi. On dirait que mon âme est liée à cette atmosphère.

Et Marie-Rose, qui s'ennuyait à mort de son patelin, ne put s'empêcher de dire avec une certaine amertume :

— Madame oublie peut-être que je suis née à Paspébiac et que, cet air qu'elle respire, il est encore plus salin et plus saisissant sur les côtes de la Gaspésie. Et puis, moi aussi, je m'ennuie de l'odeur de la morue séchée. Moi qui ai tant détesté ce poisson que nous mangions tous les jours, voilà qu'aujourd'hui je m'en ferais un festin.

Marie-Rose fixait le fleuve, l'air triste. Elle avait quitté sa Gaspésie natale depuis à peine un an et l'idée d'y retourner l'obsédait. Elle regrettait d'avoir accepté l'offre de M. David Nelligan, inspecteur adjoint des postes, de travailler dans sa famille à Montréal. Non pas qu'elle fût en mauvais termes avec Mme Nelligan, loin de là, mais tout simplement parce qu'elle s'ennuyait. Et puis, il lui fallait surveiller son accent qu'on jugeait incompréhensible. Ah! qu'elle aurait dû s'engager à la Charles Robin Company pour y dépecer les filets de morue dans l'énorme et puant entrepôt. Tout à coup, il lui semblait mille fois plus souhaitable de sentir la morue et d'être dans la misère. À quoi cela servait-il de manger de la viande trois ou quatre fois par semaine si le prix à payer était un ennui mortel?

Il n'y avait rien à répondre à cette question. Albina Joseph, la mère de Marie-Rose, avait décidé que sa fille partirait. Treize enfants à la maison, c'était trop. Une de moins, cela allégerait son fardeau. Et puis, Marie-Rose avait seize ans. Il était temps qu'elle s'affranchît…

Et pensant à tous les siens, à ses frères, à ses sœurs, aux courses sur la grève, à tous les moments heureux qu'elle avait vécus dans sa chère Paspébiac, Marie-Rose ne put s'empêcher de se laisser aller à sa peine.

— Ne pleure pas, Marie-Rose. Tu vas me faire pleurer aussi.

Et les deux femmes se regardèrent. Elles éclatèrent en sanglots.

Pour la première fois depuis qu'elle travaillait chez les Nelligan, Marie-Rose eut le sentiment de faire partie de la famille, en particulier lorsque Émilie la prit par le cou et sanglota longuement sur son épaule.

Quand elles eurent pleuré tout leur soûl, elles se mirent à rire aux éclats. Il y avait plein de joie dans leurs yeux.

— Je sens que nous allons passer ici de superbes vacances, dit Mme Nelligan.

— Je dirais de même, répondit Marie-Rose.

Et toutes deux se turent, observant le fleuve dont les milliers de diamants brillaient à la surface de l'eau. Dans le silence du matin, on entendait les criquets qui s'appelaient. Plus haut dans les airs, le chant des oiseaux, celui des tourterelles et des hirondelles et, sur les flots, le cri rauque des mouettes. Et aussi le clapotis des vagues qui frappaient les rochers du rivage. Toute une vie qui grouillait de partout et qui chantait. Et ce soleil qui chauffait si fort le cœur qu'il donnait presque envie de crier. Mme Nelligan suffoquait de bonheur.

Elle prit alors ses enfants dans ses bras.

— Êtes-vous heureux, mes petits ? Moi, je le suis comme je ne l'ai jamais été.

Et Émilie Nelligan les serra si fort contre elle que la petite Gertrude s'en plaignit. Pas Émile cependant qui, sans pouvoir s'expliquer pourquoi, trouva que sa mère dégageait une nouvelle senteur où se mêlaient la sueur, la vanille et l'eau salée. Il huma une autre essence aussi, quelque chose de doux et fort qui le troubla profondément.

∞

Cette première expérience à Cacouna, Émile ne l'oublia jamais, de sorte que, chaque fois qu'il était question de partir en vacances, il se sentait immensément heureux. La vie à Cacouna avait quelque chose d'irréel. On vivait dans un autre monde avec des gens venus de partout. Il y régnait une atmosphère qui avait constamment un goût d'interdit. Les femmes paraissaient toutes un peu fébriles, presque fiévreuses. On les voyait pavoiser sur les trottoirs de bois dans le frou-frou de leurs rubans et de leurs dentelles. Elles riaient pour un rien, rejetaient leur tête vers l'arrière — sachant très bien qu'elles gonflaient ainsi leur poitrine — et trouvaient tous les prétextes pour faire de grands gestes des bras et des mains. Et alors leurs ombrelles faisaient de grands cercles dans le ciel.

La vie à Cacouna était un feu roulant. Cela commençait dès le matin. Il y avait le cricket et le boulingrin. Le public prenait autant de plaisir à commenter les coups que les participants à jouer. On s'amusait, on riait, on applaudissait. Et quand il pleuvait, c'était au bowling qu'on jouait, dans l'immense salle du St. Lawrence Hall. On tenait d'une seule main une énorme boule de bois qu'on lançait sur une allée de lattes vernies. La boule roulait en faisant un drôle de bruit, puis elle frappait les quilles qui tournaient sur elles-mêmes, s'entrechoquaient les unes contre les autres et allaient choir dans la trappe du bout de l'allée où un employé les remettait toutes à la place qui leur était assignée une fois les deux boules réglementaires lancées par le joueur. Certains y jouaient des journées entières, additionnant des chiffres dans de petits carrés pour déterminer qui serait le gagnant. On disait même qu'il s'y gagnait et s'y perdait beaucoup d'argent...

La fébrilité était à son comble quand les gens se rendaient à la plage. Les baigneuses avaient beau être vêtues de leur chapeau et d'une robe longue, tout cet attirail n'empêchait pas les estivants de se sentir aux frontières du respectable et de l'admissible. Et même si les femmes n'osaient pas aller plus loin dans l'eau que jusqu'à ce que celle-ci atteignît leurs genoux, elles avaient l'impression de transgresser un terrible interdit. Quant aux hommes, portant leur chapeau haut de forme et allégé seulement de leur veste, ils fumaient le cigare, manches retroussées, en tirant sur leurs bretelles.

En tout temps, c'était la fête. Les activités ne manquaient pas. Il y avait l'ennuyeux *five o'clock tea*, mais également les courses de chevaux, les veillées musicales, les soirées de concert, les pique-niques et aussi les kermesses pour venir en aide aux pauvres des environs. On pouvait y découvrir une foule de beaux objets qu'on rapportait chez soi. Des ouvrages d'artisanat, de la vaisselle, des ustensiles qui faisaient les délices des collectionneurs. Car on venait de partout à Cacouna. La Allen Line, compagnie maritime, y amenait les estivants de New York autant que de Montréal. Les grandes familles s'y donnaient rendez-vous. Il y avait là les Galary, les Yates, les Molson, les Hamilton, les Rioux et des centaines d'autres familles bourgeoises. Dès lors, le village entier se mettait à parler anglais, la langue des riches... C'était tout naturellement qu'Émile suivait le mouvement. Il était parfait bilingue.

Il ne manquait pas de place à Cacouna : les six cents chambres que contenait le St. Lawrence Hall, entre autres ; les superbes résidences d'été que de riches bourgeois s'étaient fait construire ; les maisons de ferme que plusieurs fermiers des environs louaient, pour arrondir leur fin de mois, à ceux qui les préféraient à l'hôtel. Toujours prêts à rendre service, les fermiers logeaient pour leur part dans les maisons d'été qu'ils avaient fait bâtir tout près de là, de sorte qu'en septembre, au moment où le village se vidait complètement, leurs goussets s'étaient remplis et ils pouvaient voir venir l'hiver avec sérénité.

∞

De tous les étés passés à Cacouna, celui de 1896 fut le plus important pour Émile Nelligan. Non pas à cause des discussions constantes et quasi quotidiennes qu'il eut avec Denys Lanctôt sur la poésie, ni parce que « Nuit d'été » fut son premier poème à être publié dans *Le Samedi*, mais pour des raisons secrètes dont Émile ne parla jamais à Denys Lanctôt. Ce dernier se destinait à la prêtrise. Il avait décidé d'entrer chez les Rédemptoristes de Saint-Trond en Belgique. Inutile de préciser que Lanctôt faisait preuve, autant en matière de religion que dans le domaine littéraire, d'un conservatisme à tout crin. Émile Nelligan eut du reste à subir ses critiques. Denys Lanctôt ne pouvait concevoir que son ami se fût entiché de Verlaine alors que c'était d'André Chénier et de Pierre Dupont qu'il aurait dû se nourrir !

Ils entretenaient de longues conversations sur la poésie, discutaient d'esthétique et de philosophie. La fougue de Denys Lanctôt plaisait bien à Émile Nelligan, de nature plus réservée. On les voyait arpenter les rues du village ou traverser les champs. Ils étaient parfois si enflammés par leurs discussions qu'ils en oubliaient leur destination. Alors ils se retrouvaient au bout du monde, étonnés eux-mêmes d'avoir fait une si longue marche. D'autres fois, Denys Lanctôt entraînait son ami à l'église Saint-Georges pour y faire une prière.

Ce fut au cours de cet été-là qu'Émile rencontra une dame dont, au moment de son agonie, il n'arriverait plus à se souvenir du nom de famille. C'était une très belle femme, sans doute de l'âge de sa mère, qui l'accosta comme si elle le connaissait depuis toujours.

— Bonjour, Émile, lui dit-elle en anglais, vous vous souvenez de moi ?

Émile ne se rappelait aucunement avoir rencontré cette dame.

Aussi tenta-t-elle de lui rafraîchir la mémoire en lui racontant que, à la kermesse de l'année précédente, elle avait conversé avec sa mère en sa présence.

— Vous ne vous rappelez pas ? Votre mère et moi voulions toutes deux acheter une nappe de dentelle brodée à la main. Une vraie splendeur. J'avais finalement laissé votre mère en faire l'acquisition.

Il n'arrivait décidément pas à se souvenir de cette femme qui lui parlait comme s'ils avaient été des intimes.

— C'est sans importance, lui dit-elle.

Elle le détailla alors des pieds à la tête :

— Vous avez grandi. Vous êtes devenu un homme maintenant. Et beau, en plus...

Puis, constatant qu'elle avait mis Émile mal à l'aise, elle trouva un prétexte pour le quitter, non sans ajouter :

— Vous me plaisez, Émile. Vous m'avez l'air fort intelligent. Et puis, on m'a dit que vous faites de la poésie. Moi aussi. J'aimerais bien vous montrer mes poèmes pour connaître votre avis. Mais ce sera pour une autre fois, je suppose. Vous avez l'air pressé. Je m'appelle Hilory. Je vous salue et espère avoir l'occasion de vous rencontrer de nouveau.

Et la dame, avec beaucoup d'élégance, lui serra la main, fit demi-tour et s'éloigna, laissant derrière elle un subtil parfum qui pénétra les narines d'Émile, lequel n'avait pas réussi à prononcer un seul mot !

Ils se revirent à quelques reprises, Hilory se montrant chaque fois très affable. Mais un jour, elle l'aborda d'une tout autre manière qui le laissa pantois et lui donna véritablement envie d'entretenir une conversation plus poussée avec elle. Le voyant, l'air un peu perdu, arpenter le trottoir, elle le toisa et lui dit :

— Émile, on dirait que vous vivez dans un superbe ailleurs. Vous êtes un ange rêveur. Vous connaissez ce poème ?

He is a dreamer, let him pass
He reads the writing in the grass ;
His seeing soul in rapture goes
Beyond the beauty of the rose.

He is a dreamer, and doth know
To sound the furthest depth of woe;
His days are calm, majestic, free;
He is a dreamer, let him be.

He is a dreamer; all the day
Blest visions find him on his way,
Past the far sunset, and the light,
Beyond the darkness, and the night.

He is a dreamer; God! to be
Apostle of Infinity,
And mirror touch's translucent gleam
He is a dreamer, let him dream[1].

Émile fut du coup conquis. Ce poème, il le connaissait par cœur. Il l'avait découpé dans le *London Sun*. Ces vers lui avaient même inspiré un poème dont il n'était pas très fier:

Un poète

Laissez-le vivre ainsi sans lui faire de mal!
Laissez-le s'en aller; c'est un rêveur qui passe;
C'est une âme angélique ouverte sur l'espace,
Qui porte en elle un ciel de printemps auroral.

C'est une poésie aussi triste que pure
Qui s'élève de lui dans un tourbillon d'or.
L'étoile la comprend, l'étoile qui s'endort
Dans sa blancheur céleste aux frissons de guipure.

---

1. Poème cité par Paul Wyczynski, *Nelligan, 1879-1941. Biographie*, Montréal, Fides, 1990, p. 352.

Il ne veut rien savoir; il aime sans amour.
Ne le regardez pas! que nul ne s'en occupe!
Dites même qu'il est de son propre sort dupe!
Riez de lui!… Qu'importe! il faut mourir un jour…
Alors, dans le pays où le bon Dieu demeure,
On vous fera connaître, avec reproche amer,
Ce qu'il fut de candeur sous ce front simple et fier
Et de tristesse dans ce grand œil gris qui pleure!

Sortant de sa rêverie, Émile ne put s'empêcher de lui demander:

— Mais où avez-vous lu ce poème?

— Peut-être l'ai-je écrit pour vous, lui répondit-elle avec un air narquois.

Émile se mit dès lors à regarder cette femme avec d'autres yeux. Il constata que non seulement elle était très belle, mais qu'elle semblait fort intelligente et pleine d'humour.

— Ça vous plairait de monter dans mon petit salon? Je vous lirais quelques-unes de mes poésies.

Émile acquiesça et, sans hésiter, la suivit jusqu'à l'hôtel.

Ils se rencontrèrent plusieurs fois durant les jours qui suivirent. Émile découvrait une femme charmante et raffinée qui n'était pas du reste sans talent. Comme lui, elle connaissait la poésie et pouvait réciter des poèmes entiers par cœur. Ses connaissances étaient forcément puisées à même le répertoire anglo-saxon. Et puis, elle avait une manière de réciter la poésie qui le chavirait. Quelque chose qui relevait plus du secret intime que de l'art oratoire. Émile voyait là une différence essentielle entre la culture française et la culture anglo-saxonne. Pour les anglophones, la poésie ne pouvait pas être déclamée mais quasi susurrée, et cela créait dans le cas d'Émile et d'Hilory une complicité à laquelle le jeune homme était extrêmement sensible. Il avait toujours l'impression qu'elle lui confiait des secrets. Après la lecture, elle avait cet air d'enfant timide qui surprenait toujours Émile. Cela était encore plus manifeste quand elle récitait ses propres poésies. C'était charmant.

Un jour, elle lui récita un poème écrit spécialement pour lui. Un petit bijou qui disait que le cœur de l'amante était un oiseau en cage, qu'il battait de l'aile, qu'il appelait en vain un amant qui passait son chemin…

Une fois la lecture de son poème terminée, Hilory osa enfin aller plus loin avec Émile. Elle le fixa intensément, puis soupira :

— C'est vrai, Émile, que mon cœur vous appelle. Voyez comme il bat fort.

Elle saisit sa main et la porta sur son cœur.

— Entendez-vous, Émile ?

Émile ne savait que répondre. Il n'arrivait pas à réagir, trop étonné par l'audace d'Hilory.

Devant son silence, elle osa encore plus. Elle prit sa belle tête entre ses mains après l'avoir tendrement regardée et la posa sur sa poitrine.

— Si vous ne sentez pas avec vos mains, écoutez le tumulte de mon cœur.

Émile se laissait faire, incapable de réagir, pris au piège d'Hilory. Il avait la tête appuyé sur son corsage, fait d'un fin tissu de coton blanc, si mince, si ténu qu'il avait l'impression que sa joue touchait directement la peau de son sein. L'univers entier s'abolissait. Il n'avait jamais vécu pareil moment. Tous ses sens s'étaient réfugiés dans sa joue et faisaient corps avec les battements du cœur d'Hilory alors que le sien roulait au même rythme.

Il y avait surtout ce parfum qui le pénétrait, ce sentiment que la peau des femmes dégageait une fragrance toute particulière dont il n'arrivait pas à déterminer l'essence.

Soudain, il éprouva un choc terrible. Cette odeur, il se souvenait de l'avoir humée, il y avait de cela fort longtemps. Et alors il fut saisi d'une totale panique, absolument terrifié et en même temps convaincu qu'il devait à tout prix fuir cette femme, sans quoi elle causerait sa perte. Elle était dangereuse. Il en éprouvait une certitude absolue. Il se leva d'un bond, courut vers la porte et s'enfuit à toutes jambes.

∞

Hilory l'avait jeté dans une confusion extrême. Elle avait mis sens dessus dessous toutes ses croyances sur les femmes et levé le voile sur un de leurs versants secrets qu'Émile n'était pas disposé à connaître. Il fit tout pour ne plus la revoir.

Il se rapprocha encore plus de Denys Lanctôt, s'accrocha à ses pas, fit avec son ami de longues promenades loin de Cacouna, diminuant ainsi la possibilité d'arriver face à face avec Hilory.

Effectivement, il ne la rencontra pas sur son chemin, mais il eut des nouvelles d'elle quelques jours plus tard d'une manière tout à fait inattendue. Il était près de la plage, l'œil noyé dans la mer, quand une petite fille s'approcha de lui en l'appelant par son nom de famille. Elle devait avoir six ou sept ans. Elle était ravissante : rousse avec de beaux yeux verts, portant une mignonne robe blanche parsemée de fleurs rouges et roses brodées à la main.

— Vous êtes M. Nelligan, n'est-ce pas ? lui demanda-t-elle.

Charmé, Émile acquiesça.

Alors la petite fille lui déclara, en prenant soin de ne rien oublier de ce qu'on lui avait dit de répéter :

— J'ai pour vous une lettre qu'une dame m'a demandé de vous remettre en mains propres. Vous devez me jurer que vous la lirez.

Et elle la tendit, l'air sérieux. Elle attendait la réponse qui ne venait pas.

— Vous devez me jurer...

Et alors Émile, conquis, ne put faire autrement que de lui promettre qu'il lirait la lettre.

— À la condition que tu me donnes un baiser sur la joue !

Alors, hésitante, tirant sans cesse sur sa robe par timidité, mais se sentant obligée d'accéder à la demande, elle s'approcha d'Émile — lequel se pencha vers elle — et déposa un furtif baiser sur sa joue pour aussitôt détaler à toute allure, heureuse d'avoir rempli sa mission et étonnée de l'audace dont elle avait fait preuve en présence de cet inconnu.

Elle n'avait pas fait dix pas qu'Émile l'interpellait :

— Dis-moi, petite, quel est ton nom ?

Elle s'arrêta. Se tourna vers lui et lança, les joues roses et le cœur battant :

— Mary O'Neill!

Émile n'eut pas le temps de prononcer une autre parole qu'elle avait fait volte-face et courait encore plus vite en direction du village…

☞

Émile savait de qui venait cette missive. L'image d'Hilory le hantait et la lettre lui brûlait les doigts. Pourtant, il reportait de minute en minute le moment de l'ouvrir. Finalement, il se décida.

C'était un court texte plein d'émotion :

Cher Émile,

Depuis que vous m'avez quittée, je suis boule-versée. Que s'est-il passé pour que vous vous enfuyiez ? Sûrement que vous avez mal compris l'amitié que je vous offrais.

Je suis seule. Infiniment seule. Votre présence me réconforte. J'ai besoin que vous soyez près de moi. J'ai besoin d'entendre votre voix.

De vous savoir à mes côtés me suffit ample-ment, croyez-moi.

Et puis, que deviendrais-je sans vous ? Vous êtes ma rime, mon quatrain, mon tercet, mon poème…

Je vous attends. Venez quand il vous plaira… mais venez, de grâce !

Amitiés,

Hilory

Émile lut et relut la lettre. Il n'arrivait pas à en décrypter le vrai sens. Hilory était-elle sincère ou lui tendait-elle un piège ? Il voyait bien qu'elle cherchait à amoindrir la portée de son geste, qu'elle n'oserait jamais plus ce qu'elle avait osé, mais le mal n'était-il pas fait ?

Le mal ? Quel mal ?

Et alors, pris d'un mouvement de rage, Émile déchira le message en tout petits morceaux qu'il lança en l'air en direction de la mer.

Quand arriva la fin des vacances, Émile n'en fut pas malheureux. Il se sentit même libéré. Au tréfonds de lui-même cependant, il savait qu'Hilory avait à ce point modifié sa vision du monde et des femmes qu'il n'arriverait jamais plus à oublier ce cœur qui battait à tout rompre pendant que, l'oreille collée contre sa poitrine, il sentait sur sa nuque et dans son cou le souffle chaud et intense de cette femme qui lui avait dit : « Écoutez le tumulte de mon cœur. »

Émile Nelligan habite avec sa famille au 260 de l'avenue Laval
(aujourd'hui numéro 3958), au moment de son internement.

3

Une fenêtre sur l'infini

S ur son lit d'agonie, Émile Nelligan est en proie à une grande agitation. Sœur Marie-du-Saint-Sauveur s'inquiète au plus haut point. Elle ignore que l'image d'Hilory le torture et qu'il tente de chasser le souvenir de cette femme à laquelle il n'avait plus pensé depuis des décennies. Ce spectre, il l'avait rayé de sa vie. De la voir ainsi réapparaître lui procure un désagrément évident. S'il ne l'avait pas rencontrée, sa vie aurait-elle pris une autre direction?

Il est trop tard pour répondre à cette question. La mort est à ses côtés et n'attend que le moment où il en aura fini avec ses réminiscences pour venir lui prendre la main et l'emporter au delà du visible, là où, pense Nelligan, les musiques célestes lui feront oublier les bruits incessants qui résonnent à son tympan.

La bataille qu'il livre, Émile la gagne. Enfin gommé, le visage d'Hilory. D'autres séquences de sa vie affluent dans son esprit. Elles sont très différentes de celles qui les ont précédées. Elles s'agglutinent autour de la rue Laval, où il a beaucoup souffert, où il a connu ses plus belles joies.

De revisiter cette dernière maison, celle qui porte le numéro 260, est pour lui, un enchantement[1]. Il la revoit comme s'il y était. Imposante, récente, elle avait du panache. Mieux, elle donnait sur un parc avec, en son centre, une superbe fontaine. Tout autour, de très beaux arbres, tout jeunes encore. Des enfants y jouaient sans cesse.

Dans ce nouveau quartier bourgeois du village Saint-Jean-Baptiste, on était coupé du secteur commercial dont le cœur était situé près du port, rue Saint-Jacques — qu'on appelait St. James — et rue Notre-Dame.

La rue Sherbrooke marquait presque la limite nord de la ville. Quelques dizaines de rues plus haut, débutaient les champs et la forêt. Songeant à la campagne, Émile ne peut s'empêcher d'évoquer sa vierge rose et blanche qu'il a si profondément aimée au temps de sa prime adolescence. Y penser, c'est la voir naître sous ses yeux. Elle est là, aussi vivante que la première fois où il l'a aperçue au pied du mont Royal, un bâton de pèlerin à la main, cheveux blonds au vent, l'œil couleur azur, les éphélides comme une pluie de grains de

---

1. Aujourd'hui, la maison porte le numéro 3958.

blé sur son visage, l'air d'un ange qui aurait mis une petite robe de lin beige et bleue et qui aurait chaussé des sandales de cuir tressé.

Émile sourit. Cette beauté champêtre lui a redonné envie de vivre. Malgré son extrême faiblesse, il soulève sa main, tente de toucher les doigts potelés de son aimée, de caresser le fin duvet blond qui brillait au soleil quand elle bougeait les avant-bras, mais la vision s'est évanouie. La vierge rose et blanche s'est enfuie à tire-d'aile et Émile se retrouve en plein milieu de la rue Laval, déçu, bien sûr, mais tout de même disposé à prendre la direction opposée, à aller en plein cœur de la ville. Il se souvient qu'il n'avait que quelques pas à faire pour atteindre la Côte-à-Baron, rue Saint-Denis; de là il filait tout droit vers le sud en passant devant l'Université Laval de Montréal et l'église Saint-Jacques, en face, avec son élégant clocher. En quinze minutes, il était au cœur des quartiers les plus fréquentés. Alors, il arpentait les rues Saint-Paul ou Lagauchetière.

Pour revenir, c'était un peu plus essoufflant, la montée de la rue Saint-Denis étant plutôt abrupte. Mais c'était une partie de plaisir pour lui. De toute façon, il adorait marcher. Et puis, il lui arrivait souvent de faire l'école buissonnière. Cela lui avait permis de parcourir la ville en tous sens, de s'éloigner très loin dans l'Est où habitait son ami Charles Gill.

S'il décidait de rester à la maison, Émile n'était pas malheureux pour autant. Sa chambre donnait directement sur le parc. Cela l'enchantait. Sa fenêtre s'ouvrait sur l'infini. Assis à sa table de travail, il regardait l'horizon et rêvait de départs dans des pays lointains. Ah! qu'il aurait aimé prendre son baluchon et, après avoir serré sa mère dans ses bras, partir vers l'inconnu, visiter des villes qu'il n'avait jamais vues : Boston, New York, Londres, Paris... Émile se sentait l'âme d'un explorateur. Il aurait fait le tour du monde s'il en avait eu les moyens. Il aimait tellement rêver...

En fait, il rêvait trop. C'est ce que lui reprochait son père qui, lui, travaillait sans compter pour nourrir sa famille. Inspecteur adjoint des postes, David Nelligan était bien rétribué et se montrait tout à fait satisfait de son sort, lui qui avait quitté son Irlande natale au moment où le pays subissait une terrible famine. Il avait connu la faim. Il avait souffert, comme des milliers de ses compatriotes irlandais. Aujourd'hui, cependant, il remerciait le ciel de lui avoir permis de traverser les mers et d'avoir décroché cet emploi à la poste. C'était son père qui l'y avait fait entrer. Un coup de chance inouï, car tous deux savaient que c'étaient les Écossais qui dominaient la vie économique de Montréal et que ces derniers méprisaient souverainement les *redneck* irlandais catholiques ? Mais eux, au moins, avaient l'avantage de parler l'anglais, ce qui n'était pas le cas des pauvres Canadiens français...

David Nelligan travaillait donc sans rechigner, ne lésinant pas sur les heures supplémentaires, s'absentant fréquemment pour aller visiter les bureaux de poste en Gaspésie dont il avait la charge. Et quand il était épuisé, quelques rasades de gin De Kuyper lui redonnaient courage. Il fallait ce qu'il fallait.

Ses absences fréquentes arrangeaient bien Émile. Ses relations avec son père étaient loin d'être chaleureuses. Elles empiraient même à mesure qu'Émile avançait en âge. Il faut dire qu'il faisait tout pour déplaire à son père. C'était un garçon indiscipliné, incapable de faire des efforts soutenus. Ses résultats scolaires étaient désastreux. Et cela depuis l'enfance.

David faisait l'impossible pour ne pas se disputer avec sa femme, mais il n'arrivait pas toujours à se contenir. Alors il l'invectivait : c'est elle qui était la cause des échecs constants d'Émile. Elle le surprotégeait, elle le gardait à la maison alors qu'il aurait dû être tous les jours à l'école.

Et David, qui avait une très bonne mémoire, de lui rappeler toutes les fois où elle avait retiré son fils de l'école. Parfois pour quelques jours, plus souvent pendant des semaines, voire des mois. Comment un enfant pouvait-il obtenir des résultats satisfaisants dans de telles conditions ?

La mère se taisait. Car, comme elle s'obstinait à toujours lui répondre en français au cours de ces disputes, elle provoquait sa fureur. Les colères de son mari étaient énormes et il en venait parfois aux coups. Elle préférait donc le silence et les larmes. Et puis, elle savait qu'il avait raison.

Depuis qu'Émile était tout petit, elle le gardait près d'elle. Il détestait l'école. Ses professeurs ne le comprenaient pas, croyait-elle, et le jetaient dans des états qui la bouleversaient. Il pleurait à fendre l'âme. Et, elle, elle le consolait.

Émilie savait bien qu'elle avait été faible avec son fils et que la situation était aujourd'hui devenue un cul-de-sac. Elle avait pourtant tout tenté pour lui trouver un collège qui lui convînt. Il avait étudié deux ans au Mont-Saint-Louis, deux autres au Collège de Montréal.

Sans succès. Il avait même doublé sa première année au Collège de Montréal.

Après la reprise de ses éléments latins[1] en 1894-1895, Émile avait tellement pris les études en aversion qu'il avait refusé obstinément de les poursuivre l'année suivante. Ce n'est que sept mois plus tard, en mars 1896, que Mme Nelligan avait réussi à l'inscrire au collège Sainte-Marie grâce à la complicité de son cousin, le père Théophile Hudon. Ç'avait été la catastrophe. Un an après y avoir fait son entrée, Émile décidait de quitter cette école en mars 1897. Il n'avait plus envie de partager son temps avec des confrères trop jeunes pour lui, des enfants, jugeait-il, qui ne comprenaient rien à ses aspirations.

Il décida de se consacrer exclusivement à la poésie. Cette passion lui était venue bien avant son entrée au collège Sainte-Marie. C'est au Mont-Saint-Louis qu'il avait découvert le pouvoir immense qu'elle recelait. Il lui avait suffi, au cours d'une séance dramatique et musicale, tenue en décembre 1892, de faire la lecture d'un poème pour comprendre quel effet elle pouvait produire sur les gens. Habité par le feu sacré, il avait dit son poème avec une telle intensité qu'il avait su ce qu'était un miracle. Tout à coup, le public s'était suspendu à ses lèvres et avait retenu son souffle. Dans cette salle tout en pénombre, il avait connu le plaisir d'être un dieu et de tenir le monde dans sa main. Il venait de faire la découverte de l'immense puissance des mots, puissance telle qu'elle pouvait littéralement clouer sur leur

---

1. Première année du niveau secondaire de l'époque ou huitième année d'études.

siège des centaines de spectateurs. Cela tenait, bien sûr, à la beauté de sa voix, mais aussi et surtout aux mots qui sortaient de sa bouche, des mots si beaux, si musicaux que les auditeurs en restaient tout saisis.

Cette expérience, bien qu'il n'eût à l'époque pas encore treize ans, était restée gravée dans sa mémoire. Jamais il n'avait connu une euphorie aussi intense. Alors, chaque fois qu'on lui demandait de lire des poèmes ou de jouer dans des pièces, c'est avec angoisse, mais aussi avec enthousiasme que Nelligan s'exécutait. Sa mère, très active dans les bazars et les kermesses, lui donnait toutes les occasions de manifester son talent. Elle était très fière de lui. Du reste, au collège Sainte-Marie, sa réputation de déclamateur et d'acteur n'était plus à faire.

Mais plutôt que de devenir comédien, c'est poète qu'il serait. Il avait compris très tôt qu'un lecteur n'est rien sans le support du poème. Il voulait être celui par qui la Parole arrive.

Mais il y avait loin de la coupe aux lèvres. Émile rimait sans arrêt. Les résultats, eux, étaient plutôt navrants. Il n'avait pas besoin de lecteurs critiques pour en être convaincu. Il avait trop l'oreille musicale pour ne pas constater que ces essais n'avaient pas la grâce infinie des poèmes qu'il déclamait. Pour combler son inculture et se donner des modèles, il fréquentait assi-dûment les bibliothèques, dévorait tous les recueils de poèmes sur lesquels il pouvait mettre la main, feuilletait sans cesse les journaux pour y découper les poèmes qui lui plaisaient. Il était pris d'une passion telle pour la poésie que tout s'abolissait, hors elle, autour de lui.

Au collège Sainte-Marie, il avait fait la connais-sance de Joseph Melançon, le frère de Bernard, son camarade de classe. Joseph était plus âgé que lui et méprisait un tantinet ce jeune adolescent dont les poèmes lui paraissaient gauches. Beaucoup de sentiments, pensait-il, mais peu d'idées!

« Qu'à cela ne tienne, se disait Émile, je veux apprendre. Je suis prêt à tout pour y parvenir. » De fait, il acceptait l'indifférence et la condescendance de cet aîné qu'il vénérait. Car Joseph Melançon avait déjà fait paraître une dizaine de poèmes dans *Le Monde illustré* et *Le Samedi*. Aux yeux d'Émile, Joseph Melançon était une vedette. Émile rêvait secrètement de suivre ses traces. Il voulait connaître la gloire…

Il travaillait donc sans relâche. Souvent, il était si absorbé par son travail qu'il n'entendait plus rien de l'incessante animation de la rue qui lui parvenait de sa fenêtre ouverte. Il était sourd aux pas du laitier, dont les bouteilles tintaient dans l'air du matin et dont le cheval connaissait si bien la clientèle de son maître qu'il avançait ou s'arrêtait, sillonnait les rues sans que ce dernier eût à le diriger. Toute cette vie qui plaisait tant à Émile, les conversations des passants, l'odeur du crottin de cheval, les mères qui interpellaient leurs enfants, le brouhaha du matin, tout cela n'existait plus.

Il n'arrêtait même pas de travailler quand le marchand de légumes lançait son impertinente ritournelle : « J'ai des prunes pour vous, mes belles brunes. Voulez-vous des patates, tique taque. Venez tâter mes beaux légumes. » Ou l'aiguiseur de couteaux qui s'amusait au détriment des conjoints absents en sonnant sa clochette : « Je suis l'aiguiseur de couteaux. Je les affûte si bien que vous pourrez couper votre mari en petites lamelles. Je suis le champion. Avec moi, vous pourrez couper tous les ponts.» Ou encore le guenillou qui passait plus tard dans l'après-midi et qui parcourait les ruelles. Il fredonnait: «Je suis le guenillou. Je ramasse les tissus, le lin, la laine. Je ramasse tout. Même le fer, le verre et les bijoux.»

En fait, toute son attention était concentrée sur les mots. Dictionnaires à portée de la main — le *Larousse*, le dictionnaire des rimes, celui des synonymes —, Émile reprenait dix fois, vingt fois les mêmes vers qu'il lisait à voix haute pour en vérifier la parfaite musicalité. Au moindre accroc, il plissait le front, pinçait les lèvres, manifestait son impatience devant la résistance des sons. Il voulait que les rimes sortent de sa bouche comme les primevères au printemps. Il enrageait souvent.

Parfois, la joie jaillissait de ses yeux. Il avait jeté sur le papier des mots si bien agencés qu'ils illuminaient littéralement sa copie. Il souriait pour lui-même, n'arrivait pas à y croire. Comment avait-il pu créer de telles images? Cela relevait de la magie. Alors il se mettait à croire à son génie.

Ce plaisir qu'il éprouvait lui faisait d'un coup oublier tous les doutes qui l'avaient assailli, les efforts immenses qu'il avait dû déployer pour arriver à mettre côte à côte ces mots, ces phrases qui lui paraissaient si neufs qu'il avait la nette impression de créer une nouvelle langue. «La Parole appartient aux dieux. Peutêtre fais-je partie de cette race privilégiée que sont les poètes et qui, avec le vocabulaire des simples mortels, distillent cet élixir dont les effets sont divins.»

Chaque fois qu'il réussissait le parfait mariage du son et des mots, il pensait à Ulysse qui, en route vers Itaque, avait dû se faire attacher au mât de son bateau pour résister au chant des Sirènes. Ces Sirènes, filles du dieu Achéloos et de la muse Melpomène, laissaient sortir de leur bouche un chant si mélodieux qu'aucun marin ne pouvait y résister. Pour leur plus grand malheur, car la séduction des sirènes n'était qu'un piège pour entraîner les marins vers les récifs, faire échouer leur bateau et s'emparer des cadavres flottants qu'elles dévoraient.

« Ceux-là qui voudront résister à mes vers devront se mettre de la cire dans les oreilles comme les marins d'Ulysse, pensait-il. Je leur offrirai un chant si doux que s'ils écoutent les poèmes qui s'échappent de ma lyre, ils seront à tout jamais perdus. »

L'idée que les mots fussent des sons et la musique, l'âme des vers, lui paraissait si évidente qu'Émile la défendait envers et contre tous. Joseph Melançon pouvait dire ce qu'il voulait, il refusait sur ce point de penser comme lui qui prétendait qu'un poème, c'était la beauté d'une idée.

— Ce n'est pas une idée, affirmait-il. C'est une émotion habillée de son. C'est une chanson.

Si cela était pour lui une certitude. Émile ne se rendait pas compte qu'elle lui venait de loin. Quand il pensait à sa mère, il revoyait toujours ses doigts agiles courant sur le piano. Cette femme était une vraie musicienne. Elle avait habillé son enfance d'une robe de gammes dont il était resté enveloppé. De tout temps, la musique l'avait fait vibrer. Il lui était impossible d'imaginer que la poésie pût se décliner sans le support obligé de la musicalité.

Du reste, ses plus grandes émotions lui venaient autant de la poésie que de la musique. Les concerts étaient souvent pour lui des moments magiques qui le laissaient pantois. Il était resté marqué par celui du mercredi 8 avril 1896 où Paderewski avait joué du Chopin. Son interprétation était si éblouissante qu'Émile avait ressenti l'impérieux besoin de dédier un poème à ce magnifique pianiste. De retour à la maison, il avait aussitôt pris sa plume pour rédiger, pendant une nuit entière, ce sonnet :

Pour Ignace Paderewski

Maître, quand j'entendis, de par tes doigts
     magiques,
Vibrer ce grand Nocturne, à des bruits d'or pareil ;
Quand j'entendis, en un sonore et pur éveil,
Monter sa voix, parfum des astrales musiques ;

Je crus que, revivant ses rythmes séraphiques
Sous l'éclat merveilleux de quelque bleu soleil,
En toi, ressuscité du funèbre sommeil,
Passait le grand vol blanc du Cygne des
     phtisiques.

Car tu sus ranimer son puissant piano,
Et ton âme à la sienne en un mystique anneau
S'enchaîne étrangement par des causes secrètes.

Sois fier, Paderewski, du prestige divin
Que le ciel te donna, pour que chez les poètes
Tu fisses frissonner l'âme du grand Chopin !

Ce poème le remplissait d'aise. Il faut dire qu'Émile Nelligan vouait une admiration sans borne à Chopin, ce musicien mort de phtisie à l'âge de trente-huit ans. Il aimait la délicatesse de son phrasé et l'infinie tristesse qu'exhalait sa musique. Chaque fois qu'il l'écoutait, il avait l'impression de s'entendre lui-même sous une autre forme d'art.

Chose certaine, il souhaitait que ses poèmes eussent la même texture brillante, vive et triste. Pour tout dire, Chopin était son frère en musique, son modèle, son idole. Émile était à ce point désireux de l'imiter qu'il voulait connaître le même destin tragique que lui.

« L'art est une entreprise exigeante. Il appelle la mort ou la folie », se disait-il souvent. Mourir pour une cause aussi noble lui paraissait presque un présent. Et puis, disparaître dans la force de l'âge après avoir donné le meilleur de soi-même était mille fois préférable à la morne vieillesse. Ce qu'il voulait, c'était condenser en lui, à travers le prisme de la poésie, la luminosité des comètes. Quelque chose de fulgurant et d'inoubliable qui éclairerait le ciel d'un éclat sans précédent.

Pour Chopin donc, ce grand musicien aux sons ailés, il écrivit ce poème dans lequel il mettait son âme à nu :

Chopin

Fais, au grand frisson de tes doigts,
Gémir encore, ô ma maîtresse !
Cette marche dont la caresse
Jadis extasia les rois.

Sous les lustres aux prismes froids,
Donne à ce cœur sa morne ivresse,
Aux soirs de funèbre paresse
Coulés dans ton boudoir hongrois.

Que ton piano vibre et pleure,
Et que j'oublie avec toi l'heure
Dans un Éden, on ne sait où…
Oh ! fais que je comprenne
Cette âme aux sons noirs qui m'entraîne
Et m'a rendu malade et fou !

Ce poème, il l'avait travaillé d'arrache-pied. Il en était très fier sauf peut-être d'un seul vers : « Dans un Éden, on ne sait où… » Mais il lui fallait absolument trouver une rime à « Et m'a rendu malade et fou ! » C'est tout ce qu'il avait pu inventer après avoir essayé des dizaines et des dizaines de variantes. Mais il tenait trop à sa finale pour reculer. Épuisé, il avait finalement baissé pavillon, se contentant de la dernière formulation. Ah ! qu'il attendait le jour où les mots couleraient sans effort de sa plume ! Il y arriverait, il en était sûr. La perfection, il l'atteindrait. Il n'empêche que, en rédigeant ce poème, Émile avait eu l'impression d'avoir fait un immense pas en avant.

Il regarda par la fenêtre de sa chambre. Le ciel était tout rosé à l'est. Le liséré de ses paupières aussi. Encore une fois, il avait travaillé toute la nuit à la lumière bleutée de sa lampe à gaz.

Malgré la fatigue, il était heureux. Il écoutait le chant des oiseaux et le bruissement des feuilles dans le vent. C'était le grand silence du matin. Bientôt, la vie se mettrait à grouiller de partout. Lui, il se laisserait choir dans son lit, satisfait parce qu'il faisait dorénavant partie de la race des travailleurs nocturnes, cette race qui voit avec un iris agrandi et qui décèle les infinis mouvements de la vie.

Il était le hibou immobile sur sa branche, le grand duc, le harfang des neiges.

Il était d'une race supérieure.

Il ferma les yeux. La noirceur l'entoura de son manteau. Il sombra dans un sommeil profond en se berçant aux sons du récital des anges. C'était une voix céleste qui disait avec une infinie douceur tous les poèmes qu'il avait composés. Au loin, il entendait les notes d'un piano. C'était un nocturne de Chopin.

Il avait l'impression que la vie était un rêve et qu'il suffisait d'enfiler les lettres les unes après les autres pour que le mesquin réel se transformât en une délicate dentelle. Il savait qu'il avait glissé à tout jamais dans le lit de sa maîtresse, la poésie. Et que c'était pour la vie qu'ils seraient l'un et l'autre enlacés…

Charles Gill, peintre, poète et ami d'Émile Nelligan, en 1893 à l'âge de vingt-trois ans.

4

Les nuits de la poésie

Sœur Marie-du-Saint-Sauveur est soulagée. Enfin des visiteurs venus tenir la main du pauvre Émile. Elle est contente. Il ne mourra pas seul. C'est son neveu, le père Lionel Corbeil, clerc de Saint-Viateur, accompagné du frère Paul-Marie, qui sont arrivés à l'improviste. Ils ignorent, bien sûr, qu'Émile en est à ses derniers moments.

Quand l'occasion se présente, le père Lionel Corbeil fait le long trajet jusqu'à Saint-Jean-de-Dieu pour venir réconforter le grand poète. Il prend le tramway, puis il marche sur une distance de un kilomètre en empruntant l'allée de l'hôpital, bordée de très beaux arbres.

L'air est plutôt piquant en ce 18 novembre 1941, mais Lionel est jeune. Il déambule d'un pas régulier tout en conversant avec le frère Paul-Marie. Il n'est pas pressé. Il sait qu'il a peu à retirer de ces rencontres bien qu'Émile lui ait fait parfois des confidences sur les grands moments de sa vie. Entre autres, sur Paderewski dont il se rappelait, avec une précision étonnante, le fameux concert auquel il avait assisté. De ses sœurs aussi. De Gertrude surtout qu'il aimait tendrement et avec laquelle, enfant, il jouait bien souvent. Cela avait flatté Lionel Corbeil d'entendre Émile évoquer avec tendresse le souvenir de sa mère. Le poète lui avait même récité un jour le sonnet qu'il avait dédicacé à Gertrude. «La Lucile du poème, lui avait-il confié, c'est Gertrude, votre mère. La voyant entrer dans l'âge adulte, j'ai tout à coup compris qu'elle emportait une partie de moi et que, tous les deux, nous mourions à l'enfance.»

Le regret des joujoux

Toujours je garde en moi la tristesse profonde
Qu'y grava l'amitié d'une adorable enfant,
Pour qui la mort sonna le fatal olifant,
Parce qu'elle était belle et gracieuse et blonde.

Or, depuis je me sens muré contre le monde,
Tel un prince du Nord que son Kremlin défend,
Et, navré du regret dont je suis étouffant,
L'Amour comme à sept ans ne verse plus son
      onde.

Où donc a fui le jour des joujoux enfantins,
Lorsque Lucile et moi nous jouions aux pantins
Et courions tous les deux dans nos robes fripées ?

La petite est montée au fond des cieux latents,
Et j'ai perdu l'orgueil d'habiller ses poupées…
Ah! de franchir si tôt le portail des vingt ans!

Émile ne lui avait pas dit cependant que, ce poème, il l'avait écrit en pensant aussi à sa vierge blanche et rose. À quoi bon? Il lui avait raconté plutôt les trois jours qu'il avait passés dans la maison de ses parents, rue Stuart à Outremont. Le père Lionel en était resté ébahi. Le poète lui avait décrit la maison dans le détail. Comment pouvait-il se souvenir si bien de ce séjour qui avait eu lieu en octobre 1925, selon les dires de sa mère?

Si son oncle l'étonne par ses éclairs de lucidité, le contraire se produit aussi. Il lui est même arrivé de le trouver en plein délire de paranoïa. Il avait, disait-il, été enrôlé dans l'armée. On voulait l'envoyer de force au front. Mais il refusait obstinément. Il était trop fatigué pour aller guerroyer. Il le suppliait d'intercéder en sa faveur et d'aviser les autorités qu'il était trop malade pour prendre armes et bagages.

Une autre fois, après une longue séance de prière à la chapelle, il avait confié au père Lionel des choses qu'il n'avait jusque-là jamais osé lui dire au sujet de la Vierge Marie. Elle voulait devenir sa maîtresse! Cela le mettait à l'envers. Il était torturé au plus haut point, ne sachant comment dire non à cette femme qu'il vénérait.

— C'est impossible, répétait-il au père Lionel. Ce sont des choses qui ne se font pas. Mais comment le dire à Marie sans la blesser?

Le père Lionel l'avait rassuré:

— Ne vous en faites pas. Faites comme si de rien n'était. Laissez passer le temps. Vous verrez, elle oubliera vite cet incident et vous pourrez recommencer à converser tendrement avec elle. Elle ne se souviendra même plus d'avoir dit ces choses horribles.

Le père Lionel ne se scandalise pas de ces propos blasphématoires. Il sait que le cerveau d'Émile est dérangé et qu'il vaut mieux faire semblant de prendre au sérieux ses délires plutôt que de le semoncer. S'il le faisait, il aggraverait son insupportable angoisse.

Mais, aujourd'hui, la situation est tout autre. Émile est au plus bas. Sœur Marie-du-Saint-Sauveur avoue au père Lionel qu'elle est très inquiète.

— Il est plongé dans un profond coma ; je crois que ses heures sont comptées.

Étrangement, au moment même où elle prononce ces mots, Émile ouvre les yeux. C'est la première fois qu'il le fait depuis le début de la matinée. Sœur Marie-du-Saint-Sauveur en est toute remuée. Mais elle déchante vite. Voyant la figure du père Lionel Corbeil, il a balbutié :

— C'est toi, Arthur ? Il y a si longtemps que je t'ai vu. Mon Dieu, que tu as changé ! Je ne te reconnais plus.

Le père Lionel Corbeil ne comprend rien. Il voit bien que son oncle le confond avec quelqu'un d'autre, mais il ignore qui est cet Arthur auquel Émile Nelligan s'adresse. S'il a lu et relu les poèmes de son oncle, il ne connaît que peu de choses concernant ses amitiés. À vrai dire, sa mère ne lui a jamais soufflé mot de cet Arthur. Il se peut du reste qu'elle ne l'ait jamais rencontré.

Et pourtant, Arthur de Bussières a sans doute été l'ami le plus cher d'Émile Nelligan. C'est grâce à lui qu'il a pu faire des bonds de géant dans l'apprentissage de la poésie. Le plus étrange est qu'Arthur de Bussières n'avait absolument rien pour impressionner Émile. On ne pouvait imaginer moins éduqué : il avait tout juste terminé son cours primaire, après quoi il avait quitté l'école pour voler de ses propres ailes.

Arthur de Bussières habitait une minable mansarde au 543 ¼ du boulevard Saint-Laurent et menait une vie de misère. Parfois apprenti confiseur, parfois peintre en bâtiment, il vivait à la petite semaine, sifflant constamment de la bière et s'accordant, lorsqu'il était plus fortuné, une bouteille d'absinthe, la boisson des poètes, l'élixir de Baudelaire !

En somme, il avait tout pour faire un chenapan. Rien ne laissait présager qu'il deviendrait poète. Et pourtant, c'était ce qui s'était produit. Cet autodidacte s'était entiché de poésie. Il avait décidé un jour de lui consacrer toute son énergie. Et le plus incroyable est qu'il avait choisi la voie la plus ardue pour y parvenir. Plutôt que de s'adonner aux rimettes qui auraient dû être son lot, il avait pris pour idoles les poètes parnassiens.

Cela s'était imposé à lui au détour de la lecture d'un journal. Il avait suffi qu'il lût, dans l'une des publications littéraires qui pullulaient à Montréal, les vers de Leconte de Lisle pour que sa vision du monde fût radicalement changée. Il avait été ébloui par le poète, si fasciné par la maîtrise formelle de cet esthète qu'il s'était juré d'être un jour son égal. Et c'est ce qu'il s'était évertué à faire, fouillant comme Émile les dictionnaires, les encyclopédies, les traités de mythologie avec une passion qui tenait du délire. Tout apprendre, tout connaître, telle était sa mission.

Quand il le vit pour la première fois chez Joseph Melançon, Émile sut d'emblée qu'il venait de rencontrer son alter ego. Cet homme, de deux ans son aîné, était l'expression même de la passion. C'est presque avec fureur qu'il défendait son credo poétique, sûr d'être dans son droit et méprisant souverainement ceux qui ne comprenaient rien à la modernité. Au fond, Arthur de Bussières était de la même race que lui, race des mal-aimés et des exclus, race des orfèvres du langage pour qui l'œuvre d'art nécessite un travail d'une extrême minutie.

Et c'est sans doute pour suivre l'exemple d'Arthur qu'Émile décida une fois pour toutes de quitter le collège. «L'école est un lieu d'abrutissement», se convainquait-il, tout en sachant bien, au fond, que son dégoût tenait plus au fait qu'il devait côtoyer quotidiennement des étudiants de deux ans plus jeunes que lui et que ces derniers ne lui apportaient aucune satisfaction intellectuelle. À vrai dire, Nelligan faisait preuve d'une très grande maturité pour son âge. Voilà pourquoi il recherchait la compagnie des plus vieux. Tous ses amis étaient ses aînés. C'était le cas non seulement d'Arthur de Bussières, mais aussi de Joseph Melançon, de Charles Gill ou du père Eugène Seers. Quand il fut admis à l'École littéraire de Montréal, Émile était — et de beaucoup! — le plus jeune de son groupe. Seize ans, alors que presque tous les autres membres étaient dans la vingtaine. Plusieurs même avaient plus de trente ans.

Mais son attachement pour Arthur de Bussières était exclusif. Il adorait le poète et l'homme. Il trouvait ses poèmes «divins» et s'initiait avec lui aux arcanes du Parnasse. Leurs connaissances des mouvements littéraires français étant plutôt limitées, ils confondaient les poètes parnassiens et les poètes symbolistes. En fait, ils s'étaient engoués des poètes contemporains dont ils recevaient des échos par le relais des journaux et des revues. N'étant pas au cœur de l'action, ils n'étaient pas à même de bien saisir la cohésion et la spécificité de chacun des groupes littéraires français qui, souvent, s'opposaient les uns aux autres.

Peu leur importait. Ils lisaient et relisaient les poèmes de Leconte de Lisle, de José Maria de Heredia, de Baudelaire, de Verlaine, de Rodenbach, de Rimbaud, de Mallarmé. Ils s'abreuvaient de leurs rimes, s'enflammaient pour leur génie. Émile dédia même des poèmes à la gloire de Baudelaire :

Maître, il est beau ton Vers ; ciseleur sans pareil
Tu nous charmes toujours par ta grâce nouvelle,
Parnassien enchanteur du pays du soleil,
Notre langue frémit sous ta lyre si belle.

Ce poème, intitulé « Charles Baudelaire », parut dans *Le Samedi*, le 12 septembre 1896. Il était signé Émile Kovar car Émile, par pudeur, par timidité, n'osait pas révéler sa véritable identité. Ce nom de Kovar, il l'avait emprunté à Steele Mackay, dramaturge états-unien dont il avait vu la pièce intitulée *Paul Kauvar or Anarchy* au Queen's Theatre alors qu'il n'avait que treize ans. Il en avait modifié l'orthographe. Le nom lui plaisait. Sa consonance nordique lui convenait à merveille, pensait-il. Du reste, il l'utilisa à plusieurs reprises jusqu'au jour où les responsables des pages littéraires l'obligèrent à signer de son vrai nom.

Ainsi, Émile et Arthur se rencontraient souvent. Ils faisaient la fête au café Ayotte ou ailleurs selon leurs errances. Ils étaient souvent accompagnés de Charles Gill, de quelques années leur aîné. Fils de juge, ce dernier — à la fois peintre et poète — vivait une bohème plus aisée que celle de ses deux amis. Il avait séjourné à Paris, connu les poètes dont Émile et Arthur étaient épris. Tous deux étaient suspendus à ses lèvres quand Charles racontait ses expériences parisiennes.

Dès qu'il recevait de l'argent de ses parents, Charles Gill payait royalement la traite à ses deux compagnons. Le trio ne passait pas inaperçu. Ils avaient le vin joyeux et ils étaient beaux tous les trois. Trois genres différents. Charles était imposant. Il était d'une beauté à couper le souffle[1]. De son côté, Émile était d'une beauté sombre. Ses yeux bleu-gris avaient quelque chose d'envoûtant. Quant à Arthur, avec ses cheveux blonds et frisés, il avait l'air d'un archange.

Ils n'étaient pas seulement beaux, ils brillaient d'intelligence. Ils dissertaient de poésie avec une finesse qui enchantait. Ils étaient jeunes et voulaient refaire le monde. Ils prenaient toute la place. Ils avaient l'assurance des grands naïfs. Leurs poèmes n'avaient-ils pas été publiés dans les journaux? Pourtant, ils n'en revenaient pas eux-mêmes et en tiraient une grande fierté. Convaincus d'être d'une race à part, ils se promenaient de café en café jusqu'au lever du jour.

Quand son père était à la maison, Émile préférait découcher. Il logeait chez Arthur et dormait en chien de

---

1. La journaliste Gaëtane de Montreuil a connu des amours tumultueuses avec Charles Gill. Voir à ce sujet *Le médaillon dérobé* (Montréal, XYZ éditeur, 1996), roman écrit par Louise Simard.

fusil dans le petit appartement. Le lendemain, fripé, les yeux pochés et la voix pâteuse, il repartait en cavale, déambulant dans les rues de Montréal. Il adorait fréquenter les boutiques des artistes, celles des peintres et des sculpteurs. Il assistait à la naissance de leurs œuvres, s'étonnait de leur technique. Leur travail le fascinait. Il les enviait surtout. Il lui semblait que la peinture et la sculpture étaient des arts plus aisés que la poésie. Eux travaillaient sur une matière visible. Ils disposaient d'un pinceau ou d'un ciseau. Ils n'avaient qu'à mélanger des couleurs ou choisir un matériau, au contraire du poète qui devait trouver le mot juste, l'unique, dans un réservoir qui en contenait des dizaines de milliers.

Il parlait souvent avec le sculpteur Casimiro Mariotti, un ami de la famille, parrain de Gertrude. Émile adorait l'entendre réciter les poésies de Dante dans leur langue d'origine. Il lui semblait que *La divine comédie*, qu'il vénérait et adorait, était encore plus belle que dans sa traduction française. À vrai dire, il n'y entendait rien. C'était la musique qui l'enchantait et le remplissait d'une joie qui l'habitait bien après qu'il eut quitté le noble et joyeux Casimiro.

Quand il avait fait le plein d'art, Émile repartait d'un bon pas, se dirigeait vers le marché Bonsecours et suivait, docile, le mouvement de la foule. Il se laissait pénétrer par l'animation qui y régnait. La bonhomie des paysans l'enchantait. Il assistait, silencieux, aux débats entre les clientes et les vendeurs. Chacun défendait son prix avec ardeur:

— Voyons, madame, rétorquait le vendeur de fruits et légumes, ce que vous m'offrez est insensé. Vous voulez ma ruine ? Est-ce bien ça ?

Et la bourgeoise s'entêtait :

— Vos pommes sont piquées. Tiens, regardez là. Puis là. Puis là. Pourquoi faudrait-il que je paie le gros prix pour des fruits de seconde qualité ?

— Des fruits de seconde qualité ? Vraiment, madame, vous cherchez à m'étriver ! Ces pommes sont les plus belles du marché.

Puis, après avoir fait semblant de réfléchir profondément, il finissait par céder :

— Allez, vous avez de si beaux yeux que je vais vous consentir un rabais.

Le marchandage continuait de plus belle, pour les autres fruits et légumes. Et quand la facture était payée, la bourgeoise repartait avec son sac à provisions, convaincue d'avoir fait une très bonne affaire. Quant au cultivateur, il se frottait les mains. « Voilà une bonne cliente qu'il me faudra bien traiter, se disait-il. Si chacune achetait de mes produits en aussi grande quantité, ce serait un plaisir de venir battre la semelle au marché. Mais combien de chiches pour une dépensière ? »

Émile quittait la scène des yeux et observait les pauvres hères qui ramassaient les fruits avariés. Ils erraient comme des rats affamés, repoussés par les vendeurs qui ne voulaient pas que leur allure dégoûtante fît fuir la clientèle. Mais ces derniers devaient faire preuve d'une certaine diplomatie. Si les acheteurs n'aimaient pas leur présence, ils se montraient outrés qu'on les chassât à coups de pied.

Émile était toujours bouleversé à la vue de ces mendiants. « Montréal est une ville infâme qui n'arrive pas à nourrir ses enfants, se répétait-il souvent. Le chômage et la pauvreté y règnent. Et puis, pour gagner sa vie, il faut trimer dur, travailler dix heures par jour, le samedi y compris. »

De fait, les patrons se montraient impitoyables. Pourquoi auraient-ils été conciliants ? La main-d'œuvre était si abondante qu'on pouvait congédier sur-le-champ quiconque ne donnait pas satisfaction. Des milliers d'ouvriers n'attendaient que le moment d'être embauchés. Dehors, les paresseux, les traînards, les ivrognes et les sans-cœur. Et si les conditions du marché n'étaient pas favorables, on remerciait les meilleurs ouvriers de la manière la plus sauvage. Aucune loi ne les protégeait. Ils étaient à la merci de patrons intransigeants. C'était la loi de la jungle.

Voilà pourquoi la misère était visible partout. Des milliers de paysans avaient quitté leur lopin de terre duquel ils tiraient une maigre pitance, convaincus que la ville leur apporterait aisance et bonheur. Beaucoup avaient vite déchanté. Entassés dans des logements inconfortables, ils vivotaient dans des conditions de salubrité qui laissaient à désirer. Et puis, la malnutrition amenait la maladie. La tuberculose faisait des ravages.

À la vue de toute cette pauvreté, Émile se sentait parfois si triste qu'il préférait quitter l'animation du marché pour aller visiter les brocanteurs. Il pouvait passer des heures à détailler tous les trésors entassés : des bijoux anciens, des montres de gousset, des sculptures sur ivoire. D'autres objets aussi, si étranges qu'il n'en connaissait pas la fonction. C'étaient les marins venus de tous les continents qui les avaient vendus pour aller faire la fête dans les tavernes avoisinantes. Ils étaient parfois si avides de plaisirs qu'ils cédaient des objets de grande valeur pour trois fois rien. Après avoir bourlingué des mois sur les mers, ils avaient envie d'une prostituée. Alors ils faisaient des folies pour se payer le luxe d'amours éphémères...

Émile admirait les porcelaines et les laques de Chine, les tapis persans aux motifs finement tissés, l'or de l'Afrique, l'argent du Mexique, les argenteries d'Angleterre, les verreries d'Italie, les biscuits de Sèvre, les coffrets en cèdre du Liban. Dix, vingt pays logeaient dans une petite boutique où la senteur des épices se mêlait à la fade odeur des métaux moins nobles tels le plomb, le bronze et le cuivre. C'était l'occasion pour Émile de rêver à de grands départs.

Car la vie familiale lui pesait souverainement. Il savait qu'après ses fugues — qui duraient parfois plusieurs jours — il n'avait d'autre choix que de revenir à la maison et de faire face à une mère éplorée. Bien sûr, elle l'avait protégé. Elle avait inventé quelque mensonge pour rassurer son mari. «Émile est parti chez sa cousine», lui répondait-elle trop souvent. Il n'empêche que cette vie l'accablait...

Mais l'idée de devoir affronter son père lui répugnait tellement qu'Émile se retrouvait de plus en plus souvent chez son ami Arthur. Leur amitié avait du reste pris des allures d'exclusivité. Ils parlaient des heures entières de poésie, fumaient des cigarettes et buvaient du vin. Cela durait jusqu'aux petites heures du matin.

Un jour, ils décidèrent qu'ils en avaient assez de leur petite vie étriquée. Il était temps qu'ils élargissent leurs horizons, qu'ils s'ouvrent au monde, qu'ils voient du pays. Ils se mirent à parcourir l'univers en détaillant les cartes du *Larousse illustré*, s'enflammèrent en suivant des doigts des noms aussi évocateurs qu'Oural, Thrace, Jéricho ou Ksar el-Kébir. Ils étaient ivres de grands espaces.

Au début de l'année 1898, ils choisirent leur destination. C'est au Yukon qu'ils iraient. L'idée leur était venue à la lecture des journaux. Depuis quelque temps, on n'y parlait que de la ruée vers l'or. Les orpailleurs, y apprenait-on, avaient tiré des pépites d'or grosses comme leur poing du sable des innombrables rivières qui se jetaient dans le Klondyke. Une fortune gisait dans leur lit.

Que des pépites d'or puissent sourdre du limon, voilà qui fascinait Émile et Arthur. Puisqu'il fallait pratiquer un métier pour vivre, pourquoi ne pas choisir le plus noble d'entre tous ?

Et c'est dans l'enthousiasme le plus fou qu'ils élaborèrent leur rêve insensé de partir à l'aventure alors qu'ils n'avaient pas un sou en poche. Ils avaient tout planifié : ils feraient comme les chemineaux, sauteraient dans les wagons de marchandises, trouveraient leur pitance en faisant des petits travaux, fileraient ainsi depuis Montréal jusqu'à la Colombie-Britannique en passant par les capitales : Toronto, Winnipeg, Regina, Edmonton, Vancouver. Puis, de là, ils monteraient tout droit vers le nord jusqu'au Yukon. Un voyage de plusieurs mois qu'ils devaient préparer avec soin. Il leur fallait évaluer — eux qui n'avaient jamais voyagé ! — le temps nécessaire pour atteindre leur pays doré, leur Eldorado. Ils devaient surtout éviter de se retrouver en plein hiver dans les plaines de l'Ouest. Ils fixèrent donc la date de leur départ au début du printemps. Ils voulaient être absolument sûrs d'être parvenus à destination à l'automne. Et s'ils arrivaient plus tôt, ce serait tant mieux.

Ils firent la liste des effets nécessaires à leur séjour, se demandant comment mettre tout ce bric-à-brac dans leurs sacs de voyage. Ils devaient tout de même prévoir le froid, la pluie, la neige. Et même l'argent! Mais comment le trouver?

Il fallait faire confiance à la vie, se répétaient-ils, ne pas chercher midi à quatorze heures. De toute façon, ils savaient qu'ils réussiraient et qu'ils sortiraient grandis de ce voyage au bout du monde.

Ils étaient si enthousiastes qu'ils riaient à gorge déployée, se tapaient dans le dos, se convainquaient que ce serait une véritable partie de plaisir et que, sur place, après avoir passé leur matinée à cueillir les pépites dans la rivière la plus reculée, ils consacreraient le reste de la journée à rédiger des poèmes qui les rendraient heureux et célèbres.

Vivre! Vivre! Écrire des chefs-d'œuvre qui leur brûleraient les mains, enflammeraient l'univers et feraient d'eux des personnages aussi glorieux que Lamartine et Victor Hugo réunis. Dans leurs rêves excessifs, ils se voyaient tirés des profondeurs du Yukon et hissés au faîte du Panthéon! La gloire: aussi brillante que les pépites d'or qu'ils auraient cueillies par centaines dans une rivière aux mille reflets d'argent.

À Émile qui s'inquiétait parfois de son peu de dispositions pour les travaux manuels, Arthur disait des paroles rassurantes:

— Je sais tout faire. La cuisine autant que la menuiserie. J'ai tout appris de mon père et des autres aînés dont j'ai été l'apprenti. Tu verras, je prendrai bien soin de toi.

Depuis qu'ils se passionnaient pour ce long voyage, Arthur se faisait beaucoup plus intime avec Émile. Il le prenait par le cou, le serrait dans ses bras, se jetait souvent sur lui, tellement il était fou de joie. Ils formaient une paire, ils étaient liés pour la vie, lui répétait-il souvent.

Émile ne s'était pas rendu compte qu'Arthur s'était amouraché de lui. Et pourtant, c'était la vérité. Ce dernier essaya de le lui expliquer dans des mots très confus. Émile n'y comprenait rien. Il n'avait jamais imaginé pareille situation...

Devant le malaise de son ami, Arthur fit marche arrière.

— Laissons tomber. Courons nous jeter dans les bras de Morphée.

Et l'un et l'autre se couchèrent sur le plancher de bois, cherchant un sommeil qui tardait à venir, tellement ils étaient pleins de leurs rêves enfantins. Dans leur tête défilaient des paysages sans fin. Des espaces grandioses, des lacs immenses, des silences si considérables qu'ils avaient l'impression que la terre arrêtait de tourner pour écouter leur respiration. Et puis ces odeurs au lever du jour après la pluie : le thé des bois, l'ail sauvage, les fleurs des cerisiers, la gomme d'épinette et encore tous ces étranges parfums de poivre qui flottaient partout...

Le soleil se levait au loin. L'aurore aux doigts de rose déployait ses phalanges effilées, prenait possession du sol, se faufilait parmi les troncs d'arbres, perçait les brumes du matin en taillant dans la forêt de volatiles colonnes de lumière qui brillaient comme des poussières d'étoile dans le matin.

Émile finit par sombrer dans le sommeil. Il était heureux. Les feuilles argentées du tremble battaient au vent en faisant entendre une musique céleste, alors qu'une poudre d'or venue du firmament pleuvait sur la clairière où ils avaient trouvé refuge.

Puis un archange descendit du ciel. Il avait les cheveux blonds et bouclés. Il parlait une langue qu'Émile ne comprenait pas. Il disait des mots très doux qui lui plaisaient. De la pure poésie. C'étaient des sons qui glissaient dans l'air, vifs, battant de l'aile comme le colibri quand il s'abreuve de nectar au calice gorgé de la rose trémière.

L'archange avança sa main évanescente, la posa sur la joue d'Émile, caressa sa barbe naissante. Ce dernier demeura silencieux, tout à l'écoute de ce monologue étrange. Il sentit une pression sur sa hanche, se dit qu'il rêvait et qu'il valait mieux garder les yeux fermés. Il lui sembla qu'il sombrait dans une mer turquoise. Il entendit à peine les plaintes de l'archange, sa respiration haletante et le bruit mat que firent ses deux ailes quand elles churent sur le plancher de bois...

Tard le matin, encore plein de sommeil, Émile ouvrit les yeux. Il était seul dans le petit appartement du boulevard Saint-Laurent. Épinglé à la porte, un petit mot, un poème, qui disait des choses très tendres et la nécessité aussi de travailler pour gagner sa vie.

Émile s'habilla en vitesse, enfila son manteau, quitta l'appartement. Il était temps de retourner chez lui, de donner signe de vie à sa mère.

Il marcha à grandes foulées, atteignit la rue Sherbrooke, puis la rue Laval, ouvrit la porte. Sa mère était là, immuable, silencieuse, toujours aimante malgré la folle inquiétude dans laquelle il l'avait jetée. Elle le prit dans ses bras, le serra très fort, ne prononça que son nom «Émile, Émile», puis le laissa monter dans sa chambre.

Il s'installa à sa table de travail. Tout à coup, ce rêve d'aller s'échouer sur les terres vierges du Yukon lui parut insensé. C'étaient des chimères. Ce pays plein d'or, c'était un beau mensonge. Et pensant à Arthur, son rêve ambulant, il écrivit ce poème :

Tristesse blanche

Et nos cœurs sont profonds et vides comme un
    gouffre,
Ma chère, allons-nous-en, tu souffres et je souffre.

Fuyons vers le castel de nos Idéals blancs
Oui, fuyons la Matière aux yeux ensorcelants.

Aux plages de Thulé, vers l'île des Mensonges,
Sur la nef des vingt ans fuyons comme des songes.

Il est un pays d'or plein de lieds et d'oiseaux,
Nous dormirons tous deux aux frais des roseaux.

Nous nous reposerons des intimes désastres,
Dans des rythmes de flûte, à la valse des astres.

Fuyons vers le château de nos Idéals blancs,
Oh ! fuyons la Matière aux yeux ensorcelants.

Veux-tu mourir, dis-moi ? Tu souffres et je souffre,
Et nos cœurs sont profonds et vides comme un
    gouffre.

Émile était atteint d'un insupportable spleen. Il avait l'impression que tout se rapetissait autour de lui. Sa maison, son crayon, son lit. L'univers entier se faisait tout petit. Le rêve l'avait brutalement quitté. Il ne restait que des débris en lui, que de la tristesse et un détestable sentiment de dérision.

Comment avait-il pu passer, en quelques heures, du quasi-délire à la totale mélancolie ? Émile ne s'expliquait pas son comportement. Il le subissait. La neurasthénie lui était tombée dessus sans avertissement. Il voulait se secouer, mais il était sans force, sans joie, sans énergie. Il était sans vie.

L'état de léthargie dans lequel Émile était plongé dura plusieurs jours. Enfermé dans sa chambre du soir au matin, il fixait la fontaine du parc. Sa mère avait beau tenter de le secouer, rien n'y faisait. Il était mort en dedans. Bien sûr, il répondait «oui», «non», «peut-être», mais c'était comme si les mots qui sortaient de sa bouche venaient d'un autre moi qui ne lui appartenait plus.

Émile ignorait que son ami Arthur souffrait encore plus que lui. À son retour, il avait été saisi d'angoisse et était tombé dans une profonde prostration. Lui aussi avait glissé dans le gouffre de la tristesse. Mais les choses allaient s'aggraver dans son cas. La fièvre se mit de la partie. La maladie empira: bronchite, pneumonie. Heureusement qu'une sœur de la charité eut vent de sa solitude. C'est elle qui lui sauva la vie.

Il n'empêche qu'Arthur resta alité pendant trois mois. Le plus dur était l'insupportable silence d'Émile. Chaque fois qu'il y pensait, Arthur ne pouvait s'empêcher de pleurer à chaudes larmes.

« L'amitié n'existe pas, se répétait-il, l'amour encore moins. » Et Arthur se taisait, immensément triste, saisi d'une irrépressible envie de se laisser mourir. Il n'arrivait pas à comprendre pourquoi son ami l'avait abandonné, ignorant qu'Émile se posait la même question, l'œil fixe et vide rivé sur la fenêtre de sa chambre, incapable de bouger, récitant sans cesse le début de « Soir d'hiver », poème qu'il venait de composer :

Ah ! comme la neige a neigé !
Ma vitre est un jardin de givre.
Ah ! comme la neige a neigé !
Qu'est-ce que le spasme de vivre
À la douleur que j'ai, que j'ai !

La neige tombait dehors par gros flocons. Le ciel gris était très bas. L'ennui planait sur la ville et sur les cœurs. Émile traversait sa première crise majeure sans savoir que ce terrible moment de dépression allait l'entraîner dans une maladie beaucoup plus grave que celle qui terrassait son ami Arthur.

À vrai dire, la folie s'apprêtait à frapper à sa porte. Cela, Émile l'ignorait. Il était simplement triste et silencieux…

Le jardin des hospitalières de Saint-Joseph, Hôtel-Dieu de Montréal, en 1908.
Petite chapelle semblable à celle où Émile et Ilse
ont abrité leur amour naissant.

5

Souvenirs de la petite chapelle

Aussitôt après avoir évoqué Arthur de Bussières, Émile retombe dans son état comateux. Le père Lionel Corbeil reste à son chevet et converse avec le frère Paul-Marie. Ils parlent tout bas de choses et d'autres, et surveillent constamment l'état du malade qui s'agite par moments. Ils ne savent pas que le nom de son grand ami a réveillé chez le poète un flot d'images. Ils prient plutôt pour le repos de son âme.

Sœur Marie-du-Saint-Sauveur, qui a profité de la venue du père Corbeil pour aller visiter d'autres patients, revient, sa tâche terminée, à la chambre d'Émile. Elle veut être près de lui quand il quittera ce bas monde. Pour elle, Émile Nelligan est à la fois son père et son enfant. Elle espère qu'il emportera avec lui des bribes de sa voix au paradis. Comme ça, se dit-elle, il sera moins seul. Et puis, il est si timide qu'il n'osera adresser la parole à personne !

Pendant qu'elle le regarde avec une infinie tendresse, Émile ouvre les yeux, fixe sœur Marie-du-Saint-Sauveur et prononce des mots inintelligibles. Elle approche son oreille de sa bouche, mais tout ce qu'elle peut saisir, c'est : « Il se... »

C'est exactement ce qu'Émile a tenté d'articuler, mais en un seul mot. Pour la première fois de sa vie, il a osé dire le nom de son premier amour : Ilse. Un nom si précieux qu'il a toujours revêtu pour lui une valeur aussi sacrée que le nom de Iahvé pour les juifs. Ainsi, par respect pour sa bien-aimée, Émile s'est toujours interdit de le prononcer devant qui que ce soit. Ce nom, il n'appartient qu'à lui seul. Pour la vie, pour l'éternité. Et s'il a laissé s'échapper les deux syllabes secrètes de ses lèvres aujourd'hui, c'est contre son gré. Elles sont sorties de sa bouche au moment béni où il a vu Ilse. Un miracle : elle était là devant lui, aussi radieuse que la première fois qu'il l'avait rencontrée, à quinze ans, alors que s'amorçait le crépuscule en ce 21 août 1895. Cette date, il ne l'a jamais oubliée. Sur un des sentiers menant au sommet du mont Royal, un ange lui était apparu. Le soleil allait se coucher derrière la montagne. Il était rouge-rose et donnait au paysage environnant une coloration fabuleuse. C'était le moment précis où les objets étaient entourés d'un liséré inquiétant : la lumière baignée d'or s'était soudainement teintée de ténèbres.

Émile était plongé dans une de ses rêveries. Il rimait comme cela lui arrivait souvent, tentant des associations rares pour le simple plaisir de s'étonner lui-même. C'était sa passion que de mémoriser des mots riches et sonores et d'essayer de les marier à d'autres pour former des séquences qui auraient la richesse et la beauté fanée des bibelots d'antan. Faire image. Découvrir l'alchimie des mots. Telle était l'essence de sa vie.

Émile marchait donc comme un automate, lançant dans l'air ses vers exotiques :

> Grave en habit luisant, un vieux nègre courbé,
> Va, vient de tous côtés à pas vifs d'estafette :
> La paon truffé qui fume envole une bouffette
> Du clair plateau d'argent jusqu'au plafond bombé[1].

Il grimpait la pente escarpée du mont quand une jeune fille, appuyée contre un tronc d'arbre dans le sens opposé à celui d'où venait Émile, fit volte-face pour reprendre sa marche et se trouva devant lui, comme si elle sortait de nulle part.

La jeune fille — qui devait rêver autant que lui — n'avait sûrement pas entendu son pas sur la terre battue, de sorte que les deux adolescents faillirent entrer en collision. Surprise, elle poussa un petit cri et lança dans une langue inconnue :

— *O Gott ! haben Sie mich erschreckt ! Ich hatte Sie wirklich nicht kommen hören.*

Émile resta bouche bée, incapable de prononcer le moindre mot, figé sur place, si bien que la fille se mit à rire de son ébahissement, puis lui dit en anglais ce qu'elle avait lancé en suisse-allemand :

---

1. Extrait du poème intitulé « Le roi du souper ».

— Vous m'avez fait tellement peur! Vraiment, je ne vous avais pas entendu venir.

Et Émile parvint enfin à lui répondre:

— J'ai été aussi surpris que vous. J'étais perdu dans ma rêverie. Et puis vous êtes apparue dans mon champ de vision.

Ils restaient là, face à face, l'un et l'autre ne sachant comment poursuivre la conversation, cherchant un moyen de se quitter, mais en même temps se détaillant avec une attention intense.

À vrai dire, ils étaient tous les deux subjugués. La jeune fille ne put s'empêcher de penser, une fois remise de ses émotions, qu'elle avait devant elle un garçon d'une beauté remarquable. Et elle cédait au plaisir d'admirer sa chevelure riche, soyeuse et bouclée. Quels yeux gris profonds! pensait-elle, admirative. Quels traits délicats et francs! Mon Dieu, qu'il est beau! ne cessait-elle de se répéter. Pour la première fois de sa vie, Ilse était bouleversée. Elle n'avait jamais prêté attention aux jeunes garçons, tout occupée qu'elle était à travailler sur la ferme de son père, à faire sa besogne quotidienne dont elle tirait une entière satisfaction. Bien sûr, elle aimait rêver le soir après le souper, faire de longues promenades et imaginer qu'un jour elle se marierait, aurait des enfants, accomplirait les mêmes gestes, les mêmes rites que ceux de ses parents, que ceux de ses grands-parents, que ceux de ses arrière-grands-parents. Elle le ferait dans la sérénité et la certitude de faire son devoir. Mais ce rêve d'une union souhaitable et nécessaire était vague. Quand elle y songeait, elle imaginait un beau jeune homme aux cheveux sombres et au regard caressant. Il avait de belles mains aussi et parlait d'une voix grave et rassurante. Elle ignorait la suite de son histoire et cela ne la dérangeait pas outre mesure. Chaque chose en son temps, pensait-elle. Elle était donc convaincue qu'un jour elle rencontrerait son prince charmant et qu'il la mènerait dans cet antre obscur qu'on appelle l'amour. Alors elle comprendrait tout. Elle serait heureuse...

Or, ce jeune homme qu'elle avait dessiné en pensée, il était là, devant elle. Cette vision était si troublante qu'Ilse en était muette. Elle aurait voulu fuir, mais elle était incapable de faire le moindre pas. Son cœur battait à tout rompre. Elle sentait que ses joues flambaient, que son corps entier se ramollissait, que tous ses muscles fondaient. Elle se liquéfiait sur place.

Elle se trouvait ridicule de ne pouvoir prononcer la moindre parole, elle d'ordinaire si volubile ! Elle restait là à fixer ce bel étranger, saisie d'un effroi qui avait l'allure d'une souffrance délicieuse. Elle était décontenancée, n'ayant jamais connu ce genre de bouleversement.

Émile, de son côté, ressentait les mêmes émotions. Cette fille était une apparition. Savait-elle qu'elle était d'une beauté à couper le souffle ? Grande, élancée, mi-femme, mi-enfant, elle dégageait une incroyable sensualité. Ses lèvres particulièrement le fascinaient. Si pleines, si gonflées, si humides... Émile les trouvait à vrai dire impudiques. Mais à peine cette idée lui était-elle venue à l'esprit qu'il se sentait coupable : comment pouvait-il avoir de telles pensées quand cette jeune fille était un ange venu du ciel ? Ses longs cheveux étaient noués en chignon sur l'occiput. D'une blondeur comme il n'en avait jamais vu : couleur or, presque blanc, avec des reflets qui éclataient çà et là à tout moment selon les mouvements de sa tête dans l'axe du soleil couchant. Tout dans ce visage était exquis. Émile en était grandement troublé.

Il détourna le regard, fixa le sol, vit les pieds potelés d'Ilse, les orteils replets, charnus dans ses sandales et il fut encore plus remué. Il devint alors d'une extrême pâleur et, profondément angoissé, il n'eut d'autre recours que de s'enfuir, en reprenant son chemin en direction du sommet du mont Royal, incapable de dire un seul mot, tellement sa voix était coincée dans son œsophage, déjà malheureux d'être aussi mal dans sa peau et furieux contre lui-même de sa fuite précipitée.

Ce fut Ilse qui lança un timide au revoir. Alors Émile eut au moins le courage de se retourner, de saisir cette jeune fille d'un seul regard, de fixer son image, indélébile, dans sa mémoire, puis de lever la main en prononçant à son tour un au revoir qui sonna tout éraillé. Puis il tourna les talons, poursuivit d'un pas lent son escalade comme si de rien n'était.

Émile était bouleversé. Ses pieds foulaient le sol, l'éloignant à chaque enjambée de la jeune fille aux cheveux dorés, alors que tout son être s'accrochait à elle. Ah ! s'il avait eu le pouvoir de suspendre le temps, de le figer à cet instant précis où elle avait prononcé ces mots incompréhensibles qui s'envolaient de ses lèvres comme des notes mélodieuses. Alors il reconstruirait les événements, amorcerait une conversation où il brillerait de tous ses feux pendant que la jeune fille, admirative, subjuguée, lui donnerait rendez-vous, même lieu, même heure, devant cet hêtre où ils avaient failli tomber dans les bras l'un de l'autre.

Mais Émile savait bien que cet exercice était inutile et que sa seule planche de salut consistait à se donner le courage de revenir dès le lendemain et à tenter d'être un peu moins timide.

C'est ce qu'il fit. C'est ce qu'elle fit. Elle était là, appuyée contre le hêtre. Elle portait une longue robe bleu royal faite de lin légèrement ajouré. Aucune dentelle. Un simple collet et des poignets agrémentés de deux boutons de nacre. Elle était chaussée de souliers plats comme ceux des ballerines et de bas blancs dont il ne voyait que la partie couvrant les chevilles. On aurait dit une porcelaine de Saxe. Ses cheveux flottaient ce soir-là librement sur son dos. Émile en resta bouche bée.

Ilse avait décidé que, cette fois, elle ne laisserait pas filer une si belle occasion de bonheur. Ce fut elle qui prit les devants :

— Vous êtes venu ? Je suis heureuse de vous revoir. Il me semblait que nous avions beaucoup de choses à nous dire. Je trouvais du reste dommage que nous nous soyons quittés sans même nous être présentés. Je suis Ilse. C'est un prénom allemand. Un diminutif d'Élisabeth. En réalité, je suis d'origine suisse-allemande. Mes parents ont émigré au Canada, il y a une dizaine d'années.

Ilse savait d'instinct qu'il lui fallait briser la glace si elle ne voulait pas perdre à tout jamais l'occasion de se lier d'amitié avec ce beau jeune homme dont elle avait rêvé sans arrêt depuis vingt-quatre heures. Elle mettait donc les bouchées doubles, surveillant les expressions de son partenaire, espérant qu'il perdrait sa rigidité excessive et qu'il oserait lui parler.

C'est ce qu'il fit.

Les mots eurent du mal à sortir de sa bouche, mais ils sortirent. Lorsqu'il se présenta, Émile prononça expressément son nom de famille à la française en laissant bien entendre le «an» de Nelligan. Puis il osa dire ce qu'il était, c'est-à-dire un poète et un grand marcheur.

Ilse l'écoutait comme s'il prononçait des paroles d'évangile. Cela rassura Émile, qui savait sa voix belle. Et alors, spontanément, la jeune fille lui demanda s'ils pouvaient faire route ensemble.

— Je suis une marcheuse, moi aussi. J'aime faire de longues promenades quand le soleil se couche.

Ils partirent côte à côte, parlant peu, tout occupés qu'ils étaient à éviter les obstacles naturels, très heureux tout de même d'être tous les deux ensemble après avoir failli se perdre de vue pour la vie.

Quand la noirceur fut assez marquée pour indiquer qu'il était temps de rentrer, ils étaient revenus à leur point de départ. Ilse se dépêcha de partir, non sans avoir demandé à Émile, avec une touchante vibration dans la voix :

— Vous reverrai-je demain ?

Il répondit, sa voix à lui aussi se fracturant, qu'il serait au rendez-vous, la remercia de cette soirée et fila vers la rue Laval. Il avait l'impression de flotter, tellement il était heureux.

À partir de ce moment, Ilse et Émile se revirent presque quotidiennement. Et quand, pour une raison ou pour une autre, la jeune fille ne pouvait retrouver celui qui était devenu le centre de sa vie, c'est la mort dans l'âme qu'elle le lui faisait savoir, lui signalant aussitôt que ce contretemps lui était imposé et que le lendemain ils seraient de nouveau réunis.

Quant à Émile, aussitôt après avoir pris son souper, il partait d'un pas léger, courait à vrai dire vers leur lieu de rendez-vous, la joie dans l'âme. Il était décidément amoureux de cette fille aux cheveux d'or. Sa vie était radicalement changée. Il rêvait sans arrêt d'elle, tout entier possédé par sa beauté, sa grâce et sa féminité, prêt à lui donner sa vie, sa poésie.

La dernière fois qu'il la rencontra, ce fut le 28 septembre. Cela faisait plus d'un mois qu'Émile et Ilse se voyaient. Le temps était frisquet et le ciel était bas. Il y avait de l'orage dans l'air, mais les deux amoureux n'avaient pu résister à l'envie de se parler, de s'admirer en secret, de s'effleurer sans jamais oser se toucher ou se caresser.

Quand l'orage éclata, leur premier réflexe fut de courir vers la petite chapelle qu'ils connaissaient bien parce qu'ils entendaient le tintement clair de ses cloches lorsque sonnait l'angélus. C'était leur hymne. Ces cloches marquaient leur marche et, chaque fois qu'elles se mettaient à carillonner, ils s'arrêtaient, écoutaient, puis repartaient comme si ce moment était celui d'une prière faite au Créateur, une prière pour Le remercier d'avoir fait croiser leurs chemins.

Ils coururent donc pendant que la pluie tombait dru, les trempant de la tête aux pieds. Lorsqu'ils pénétrèrent dans la chapelle, ce fut un soulagement. Ils firent une courte prière, puis s'assirent sur le banc, grelottants. Et alors ce qu'Émile avait désiré depuis si longtemps se produisit : Ilse posa sa tête sur son épaule pendant qu'il l'entourait de son bras. Il se sentait si heureux qu'il n'osait plus faire le moindre geste. Ils restèrent là, silencieux, serrés l'un contre l'autre pendant que les minutes sacrées s'écoulaient dans un silence mystique. Cet état de bonheur, Émile n'en avait jamais connu de plus intense. Enfin, il pouvait respirer celle qu'il aimait, emmagasiner dans sa mémoire l'odeur de lavande, de lait cru, d'herbe séchée, de vent d'automne et d'humidité chaude qui émanait de sa peau. Dans cette fragrance complexe était contenue l'essence même d'Ilse. Émile la huma jusqu'à l'enivrement. Elle pénétra à l'intérieur de lui-même, atteignit les racines de son être pour finalement s'incruster à jamais dans les replis de sa mémoire.

Émile serait resté éternellement collé à Ilse, mais, l'orage passé, il fallait bien revenir à la maison. Et c'est la mort dans l'âme qu'ils se détachèrent l'un de l'autre, prirent le chemin du retour.

Soudain, Ilse revint sur ses pas, se pressa de nouveau contre lui, le serra très fort cependant qu'Émile, repoussant son furieux désir de l'embrasser sur la bouche, se contentait de lui caresser les cheveux et de lui donner un furtif baiser sur le front. Sa main tremblait un peu. Son cœur battait à tout rompre. Et alors, comme il l'avait fait la première fois qu'ils s'étaient rencontrés, il la quitta brusquement, sentant que s'il restait plus longtemps, il ne pourrait résister à son désir et que, peut-être, il regretterait amèrement son geste.

Arrivé chez lui, il se précipita à sa table de travail pour rédiger un poème en l'honneur de sa bien-aimée, poème qu'il intitula « Château rural » :

J'eus ce rêve. Elle a vingt ans, je n'en ai pas moins ;
Nous habiterons ces chers coins
Qu'embaumeront ses soins.

Ce sera là tout près, oui, rien qu'au bas du val ;
Nous aurons triple carnaval :
Maison, coq et cheval.

Elle a l'œil de l'azur, tout donc y sera bleu :
Pignon, chassis, seuil, porte, heu !
Dedans peut-être un peu.

Elle a cheveux, très blonds, nous glanerons épis,
Soleil, printemps, beaux jours, foin, lys
Et l'amour sans dépits.

Sans doute, elle m'aura, m'ayant vu si peu gai —
Ne fût-ce que pour me narguer —
Un ange délégué !

Brusque je m'éveillai. Là-bas au jour qui gagne
Gaulois pleurait dans la campagne
Son poulailler d'Espagne.

Pourquoi cette fin qui détruisait du revers de la main ce petit conte de fées ? Émile arrivait mal à se l'expliquer, la seule raison qu'il pouvait trouver étant que son bonheur lui paraissait trop beau, trop grand pour être vrai. Et puis, il y avait chez lui un pessimisme foncier. Il était convaincu d'être né sous la mauvaise étoile. N'était-il pas artiste ? N'était-il appelé à souffrir et à payer de ses rimes et de ses larmes les moments heureux qu'il volerait à la vie ?

De fait, quand Émile revint le lendemain à la montagne, Ilse n'y était pas. Il attendit, paniqué. La nuit venue, il rentra chez lui, n'arrivant pas à admettre qu'Ilse eût pu lui faire faux bond. Il y retourna le jour suivant, puis celui d'après. Toujours la même immense déception.

Le jeune homme sombra dans le désespoir. Il se torturait l'esprit pour comprendre, se demandant si les gestes intimes qui les avaient rapprochés étaient la cause de son absence. Mais comment savoir? Il n'avait aucune idée du lieu où habitait Ilse. Obsédé, il arpentait les environs dans l'espoir de la voir, mais cela ne se produisit jamais.

Mélancolique, Émile se mura dans un silence absolu, refusant de parler à qui que ce soit de quoi que ce soit. Il passait ainsi de longues heures dans la chapelle de leurs amours et c'est le septième jour qu'il comprit tout dans la plus grande stupeur.

Au moment où sonnait l'angélus, les deux portes de la petite chapelle s'ouvrirent et il vit entrer un cortège. Six personnes portaient un cercueil. Elles s'avancèrent dans la nef jusqu'au transept, puis le déposèrent sur des chevalets disposés devant l'autel.

Un prêtre entra, s'installa devant l'autel et dit gravement la messe. Et puis, quand vint l'éloge funèbre, Émile sut avec certitude ce qu'il avait pressenti depuis le début. Le prêtre raconta à l'audience que le Créateur avait parfois des desseins cruels et qu'Il rappelait à ses côtés des âmes à peine nées.

— Ilse était une fleur des champs, un hymne au Créateur. Comme celle des fleurs, son existence a été de courte durée. Il a suffi qu'elle attrape froid pour que la vie la quitte brusquement alors que ses pétales venaient tout juste d'éclore. Ne cherchez surtout pas à comprendre, mes frères et sœurs, acceptez la volonté de Dieu. Pleurez l'être aimé mais, de grâce, ne vous révoltez pas. Dites-vous que si Dieu l'a rappelée, ce n'est pas sans raison. Laissons-Lui le soin de juger, acceptons pour l'instant l'épreuve qu'Il nous envoie. Plus tard, peut-être comprendrons-nous pourquoi Ilse nous a été enlevée et pourquoi Dieu nous a imposé cette terrible épreuve. Respectons enfin le vœu d'Ilse qui a demandé d'être admise pour la dernière fois dans la maison de Dieu au moment où le soleil se couche sur la montagne, embrasant la terre, les arbres, les pierres et les sentiers d'une lumière rosée dans un dernier hymne à la vie et à la beauté.

Devant l'horreur, Émile resta de glace. Il écouta religieusement les propos du prêtre, attendit que le service fût terminé pour quitter la chapelle d'un pas lent, comme si cette cérémonie funèbre ne le concernait pas.

Ce ne fut que dans le bois, lorsqu'il fut certain d'être seul, loin de tout regard, qu'il éclata en sanglots et laissa échapper sa plainte qui déchira l'air et emplit la montagne d'une peine innommable. Il pleura longtemps, écroulé sur le sol, frappant par moments de son poing la terre qui venait de lui ravir celle qui s'était infiltrée dans toutes les parcelles de son corps. Il était si anéanti, si démuni qu'il sombra dans un état d'hébétude dont il ne sortit que plusieurs heures plus tard. Quand il ouvrit les yeux, le soleil était à son zénith et Émile comprit qu'il avait passé la nuit prostré dans ce sous-bois. Avait-il dormi ? Peut-être, sans doute, mais cela était sans importance. Seule la douleur le dardait au cœur. Ilse n'était plus.

Il se releva et marcha comme un automate vers sa demeure.

Ce fut le début d'une longue prostration qui inquiéta fort ses parents. Silencieux, spectral, Émile avait perdu tout goût à la vie et à la poésie. Des heures entières, il fixait la fontaine du parc, sans penser, sans parler. Il mangeait à peine et, dès le repas terminé, retournait dans sa chambre dont il ne sortait pas.

Cette réclusion dura plusieurs jours, plusieurs semaines. Puis la vie prit le dessus sur sa dépression, s'immisça en lui par le relais de la poésie, l'incita à prendre la plume qu'il se mit à tremper dans l'encrier. Il aligna des mots, des sons, des débuts de poème. La fièvre s'empara soudain de lui et la frénésie des rimes l'accapara en entier. La poésie le sauvait. Défilèrent alors plusieurs poèmes pour Ilse. C'était sa manière de faire son deuil et de se libérer de l'image obsédante de son ange en allé qui s'accrochait sans cesse dans ses boucles emmêlées :

> Depuis qu'elle s'en est allée
> Menée aux marches de Chopin
> Dormir pour jamais sous ce pin
> Dans la froide et funèbre allée,
>
> Je suis resté toute l'année
> Broyé sous un fardeau de fer,
> À vivre ainsi qu'en un enfer,
> Comme une pauvre âme damnée [1].

---

1. Extrait du poème intitulé « Le soulier de la morte ».

Pendant qu'il couvrait des pages et des pages de rimes et de ratures, Émile éprouvait un profond sentiment d'étrangeté : par une singulière ironie, la mort d'Ilse permettait à sa poésie d'accéder à une certaine maturité. Cela l'effrayait au plus haut point. Il se disait que la création artistique était une activité sadique et cruelle, puisqu'elle se nourrissait de la vie des uns et de la douleur des autres pour atteindre à la perfection de la grâce formelle. Émile comprit surtout que la mort d'Ilse lui avait donné la maturité nécessaire pour lui permettre d'élaborer des poèmes plus intériorisés, plus profonds. Tout à coup, il sut qu'il était poète, lui qui en avait si fortement douté jusque-là. Il lui était difficile de dire pourquoi cette certitude lui était venue après la rédaction de ce sonnet, et de lui seul, mais il était dorénavant convaincu de son talent.

Chapelle ruinée

Et je retourne encor frileux, au jet des bruines,
Par les délabrements du parc d'octobre. Au bout
De l'allée où se voit ce grand Jésus debout,
Se massent des soupçons de chapelle en ruines.

Je refoule, parmi viornes, vipérines,
Rêveur, le sol d'antan où gîte le hibou ;
L'Érable sous le vent se tord comme un bambou.
Et je sens se briser mon cœur dans ma poitrine.

Cloches des âges morts sonnant à timbres noirs
Et les tristesses d'or, les mornes désespoirs,
Portés par un parfum que le rêve rappelle,

Ah ! comme, les genoux figés au vieux portail,
Je pleure ces débris de petite chapelle...
Au mur croulant, fleuri, d'un reste de vitrail !

Émile écrivit une quarantaine de poèmes en
l'honneur d'Ilse, reprenant parfois les mêmes thèmes,
gardant cependant pour lui seul le nom de sa bien-
aimée, sachant que, s'il lui était permis de dire com-
bien il l'avait aimée, il lui était interdit d'avouer qui
elle était.

Et c'est à cause d'elle, à cause de l'intense fébrilité
créatrice dans laquelle elle l'avait jeté qu'Émile connut
ses plus beaux états de grâce en poésie, écrivant par
exemple :

[...] et je tenais, tremblants,
Tes doigts entre mes mains, comme un nid
d'oiseaux blancs [1].

Et chaque fois que le miracle de la poésie se pro-
duisait, Émile en avait comme un coup au cœur. Il était
à la fois ravi et déchiré, se disant que seule la poésie
pouvait lui permettre de surmonter son infinie tris-
tesse, mais en même temps furieux que la destinée, un
soir d'octobre, lui eût ravi celle qu'il avait aimée, ne lui
laissant en reste qu'un corps déserté. Et il ne pouvait
s'empêcher de pleurer en se remémorant la petite cha-
pelle esseulée, à l'heure où sonnait l'angélus :

---

1. Extrait du poème intitulé « Jardin sentimental ».

Chapelle dans les bois

Nous étions là deux enfants blêmes
Devant les grands autels à franges,
Où Sainte Marie et ses anges
Riaient parmi les chrysanthèmes.

Le soir poudrait dans la nef vide ;
Et son rayon à flèche jaune,
Dans sa rigidité d'icône
Effleurait le grand Saint livide.

Nous étions là deux enfants tristes
Buvant la paix du sanctuaire,
Sous la veilleuse mortuaire
Aux vagues reflets d'améthyste.

Nos voix en extase à cette heure
Montaient en rogations blanches,
Comme un angélus des dimanches,
Dans le lointain qui prie et pleure…

Puis nous partions… Je me rappelle !
Les bois dormaient au clair de lune,
Dans la nuit tiède où tintait une
Voix de la petite chapelle…

Émile avait fait de ce poème son hymne intime
à la gloire d'Ilse. Non seulement il en aimait le mou-
vement et les rimes, mais il éprouvait le sentiment que
ce texte était une plénitude : ces cinq quatrains ne
résumaient-ils pas à merveille l'essentiel de ce qu'ils
avaient été, de ce qu'ils avaient vécu ?

Émile n'en était pas plus heureux. Il voyait
bien les limites de son art : s'il lui était possible

d'immortaliser la figure et l'existence de sa bien-aimée, cela ne lui accordait pas pour autant le pouvoir de la faire renaître.

Entre elle et lui, il y aurait toujours, jusqu'à sa mort, la distance d'une éternité.

Chroniqueuse à *La Patrie* sous le pseudonyme de Françoise,
Robertine Barry (1863-1910), « sœur d'amitié » d'Émile Nelligan,
publie plusieurs de ses poèmes.

6

Gretchen vue du lampadaire

Sur le visage d'Émile moribond, un certain sourire né du souvenir d'Ilse. Pendant quelques instants, il a tout revécu avec celle qu'il a tant aimée. Il voudrait que cela dure et dure, mais l'imagination est vagabonde et pendant qu'il approche les doigts vers la joue de sa bien-aimée, voici que le visage d'Ilse se métamorphose. Il se durcit. Les traits s'accusent, se griment d'une évidente sensualité. Et, par petites touches, c'est l'ovale de Gretchen qui se superpose à celui d'Ilse.

Sur le coup, Émile retire sa main. Il est déçu. Surpris aussi que Gretchen refasse surface à ce moment inopportun. Non pas qu'il la déteste, loin de là, mais parce que ses deux amours allemandes sont pour ainsi dire antinomiques. L'ange et la bête.

Sa rencontre avec Gretchen a eu lieu à l'automne de 1897. Deux ans après son idylle avec Ilse. Qu'est-ce qui l'a poussé jusqu'au seuil de la chambre à coucher de Gretchen où, voyeur, il a tout vu et tout su ? Tout cela n'est plus très clair dans son esprit.

Son aventure avait commencé d'une façon bien anodine. Un soir d'octobre. Il était passé neuf heures du soir. Il s'en souvient encore très bien. Il revenait à la maison après avoir fait la fête avec ses deux amis, Arthur de Bussières et Charles Gill. Or, voici qu'il avait vu venir au-devant de lui une femme au port altier. Cela aurait pu être sans conséquence si son gant n'avait pas quitté le rebord de sa poche pour aller choir sur le sol, gant qu'Émile s'était empressé de ramasser pour le lui remettre.

— Je vous remercie, monsieur, c'est très gentil de votre part, lui avait-elle alors lancé, la voix enjouée.

Émile n'en croyait pas ses oreilles. Elle avait le même accent qu'Ilse !

Les formules d'usage prononcées, la jeune fille — fort jolie du reste — avait poursuivi son chemin, tenant dans sa main droite un étui à violon.

Intrigué, Émile l'avait surveillée du coin de l'œil pour s'apercevoir qu'elle habitait tout près de chez lui. Il l'avait vue monter les escaliers d'une demeure de la rue Laval, quelques dizaines de maisons plus au nord. Puis elle s'était engouffrée à l'intérieur, non sans avoir jeté au préalable un regard discret dans sa direction. Émile avait aussitôt détourné le sien, un peu mal à l'aise.

Assez tôt, il avait eu l'impression que cet incident n'était pas fortuit et que l'inconnue avait volontairement laissé tomber son gant pour favoriser leur rencontre. Cela avait piqué sa curiosité et, à partir de ce moment, il n'avait cessé de penser à elle.

Il la revoyait en détail : elle était blonde comme Ilse. Ses traits, par contre, étaient beaucoup moins fins, beaucoup moins enfantins quoique d'une parfaite harmonie. Mais c'étaient ses yeux d'un bleu sombre, pleins d'ironie, qui l'avaient d'abord frappé. Et puis ce sourire en coin qui disait son amusement, presque son plaisir de l'événement.

Émile décida de surveiller ses allées et venues. Il nota ainsi que, tous les soirs, elle partait vers sept heures et rentrait vers neuf heures, parfois un peu plus tard. Il en conclut qu'elle l'avait sans doute vu à sa table de travail, alors que, perdu dans ses rêveries, il ne l'avait jamais remarquée.

De fait, passant sous son balcon le lendemain soir de leur rencontre, elle lorgna de son côté, mais détourna aussitôt le regard quand elle vit qu'Émile l'observait. Le manège dura ainsi quelques jours jusqu'à ce qu'Émile, piqué au vif, décidât de sortir pour aller, lui aussi, l'épier.

Il savait où elle logeait. Il avait enregistré dans sa mémoire la rampe et les escaliers, de sorte qu'il ne fut pas du tout surpris, quand il arriva sur les lieux, d'entendre un violon rendre magnifiquement du Mendelssohn. Il resta là, ravi, écoutant les mélopées qui s'échappaient par la fenêtre entrouverte en même temps qu'il détaillait la silhouette de sa belle musicienne à travers les rideaux de dentelle.

Le voyait-elle ? Au début, il crut que non, car il faisait sombre et il s'était placé à l'extérieur du rayon de lumière diffusé par le lampadaire à gaz, mais il se mit à en douter. Une intuition lui disait qu'elle se savait observée pour la bonne raison que, à partir du moment où il avait commencé à l'épier, elle s'était peu à peu mise à jouer avec une plus grande intensité et à bouger son corps au rythme de son archet. Pourtant, elle ne regardait pas dans sa direction. Et c'est précisément ce comportement qui lui fit penser qu'elle l'avait vu. Car à la seconde où il était arrivé, elle avait soudain cessé de regarder par la fenêtre, fixant obstinément l'âtre où s'élevaient les flammes dansantes du foyer.

La séance dura bien une heure, après quoi la violoniste se leva, s'étira langoureusement, regarda cette fois vers la fenêtre, puis lentement, comme si elle souhaitait que son observateur gardât en mémoire l'image de son corps, elle tourna les talons et se dirigea vers le fond de la maison.

Émile resta encore un long moment devant la fenêtre. Il était pris au jeu, subjugué aussi. Cette mise en scène l'excitait. Car il persistait à croire que tout cela avait été planifié et que Gretchen — il avait décidé que c'est ainsi qu'elle s'appellerait dorénavant — avait pleinement atteint ses objectifs. « Sans doute est-elle amoureuse de moi », se dit Émile. De se savoir aimé le rendait amoureux. Et il revit les yeux de Gretchen, l'ironie qu'ils distillaient, mais aussi le désir qui semblait en émaner. Puis il réentendit les paroles de sa musicienne — « Je vous remercie, monsieur, c'est très gentil de votre part » —, paroles tout en rondeur et habillées d'un accent chantant.

Rêveur, il en oublia l'heure. Il marcha longtemps dans les rues de Montréal et quand il retourna chez lui, il faisait presque jour. Dans sa tête, son poème était écrit. Il s'installa donc à sa table de travail pour se rendre compte que son sonnet ne se laissait pas dominer aussi facilement et que si le thème était parfaitement placé dans sa tête, le phrasé, lui, résistait à s'étaler de façon gracieuse sur le papier. Il lui fallut reprendre et reprendre son poème et ce n'est que deux jours plus tard qu'il en fut réellement satisfait :

Violon d'adieu

Vous jouiez Mendelssohn ce soir-là ; les
 flammèches
Valsaient dans l'âtre clair, cependant qu'au salon
Un abat-jour mêlait en ondulement long
Ses rêves de lumière au châtain de vos mèches.

Et tristes, comme un bruit frissonnant de fleurs
 sèches
Éparses dans le vent vespéral du vallon,
Les notes sanglotaient sur votre violon
Et chaque coup d'archet trouait mon cœur de
 brèches.

Or, devant qu'il se fût fait tard, je vous quittai,
Mais jusqu'à l'aube errant, seul morose, attristé.
Contant ma jeune peine au lunaire mystère,

Je sentais remonter comme d'amers parfums
Ces musiques d'adieu qui scellaient sous la terre
Et mon rêve d'amour et mes espoirs défunts.

Relisant son poème, Émile fut étonné de découvrir que cet amour à peine né était déjà moribond.

Cela l'effraya aussi : les mouvements de son âme lui disaient qu'il était né pour le malheur et que ses amours seraient toujours soupesées à l'aune d'Ilse. Il se sentit triste. Il aurait tant voulu connaître l'excitation pleine et entière des premiers transports amoureux, mais c'est l'échec qui perçait d'entrée de jeu et le sentiment insistant que ces premières œillades n'étaient que le prélude à la souffrance et à la peine.

En fait, ce n'était pas tout à fait vrai. Émile se surprit à attendre le pas de Gretchen sur le trottoir et à espérer qu'elle jetât un regard vers sa fenêtre.

Tous les soirs, sa blonde Allemande passait sous sa fenêtre d'un pas suffisamment lent et martelé pour qu'Émile pût sortir de sa rêverie et l'observer à sa guise. Elle tenait son étui à violon. Émile pensa qu'elle allait et revenait de ses cours. « À moins qu'elle ne soit membre d'un orchestre et qu'elle n'assiste régulièrement à ses pratiques en vue d'un futur concert », se dit-il.

Après s'être compromise une première fois, elle se contentait de passer, faisant comme si elle ignorait qu'il la regardait intensément. Puis, sans doute lasse de constater qu'Émile ne tentait aucun geste de rapprochement, elle osa encore une fois lever la tête vers la fenêtre de sa chambre et lui adresser un sourire qui resterait gravé dans la mémoire du poète. Ces dents blanches perçant l'obscurité de cette soirée d'octobre étaient comme un cri dans la nuit, un appel pressant à savourer les joies de ce bas monde. « Cueillez, cueillez, les roses de la vie », disait Ronsard. Et pourquoi, lui, Émile Nelligan, n'aurait-il pas le courage d'aller au-devant de cette languide musicienne et de la prendre dans ses bras et de s'envoler avec elle plus loin encore que les notes célestes qu'elle faisait sortir de son violon ?

Mais comment faire la connaissance de Gretchen ? S'approcher d'elle, amorcer une conversation lui paraissait une entreprise si difficile, si insurmontable qu'il savait d'emblée que si Gretchen n'osait pas ce qu'Ilse avait si bien réussi, leurs amours naissantes ne resteraient que chimères. Émile se sentait complètement démuni. Il s'en voulait à mort de son immense timidité.

Il n'osait pas.

Les semaines passèrent. Tous les jours, Gretchen faisait marteler son pas sur les trottoirs de bois pendant qu'Émile, hiératique et désespéré, regardait sa déesse musicienne déambuler sous ses pieds sans qu'il pût lui tendre la main. L'hiver était venu. Et c'est à travers sa vitre givrée qu'il voyait passer la silhouette emmitouflée de Gretchen. Elle traversait, silencieuse — et sans doute triste —, le champ de vision du poète muet. Il n'osait même plus s'installer près du lampadaire — ce qu'il avait fait des dizaines de fois —, tant il sentait que cette idylle était mort-née. « À quoi bon s'énerver, pensait-il, si c'est pour caresser le vide ? »

Émile était habité par l'échec. Il n'arrivait pas à comprendre la paralysie qui le saisissait. « Suis-je normal ? se demandait-il. Est-ce que les garçons de mon âge réagissent comme moi devant le désir et l'amour ? » De ces graves questions, il ne discutait jamais avec Arthur de Bussières ou Charles Gill. Ces deux-là lui paraissaient trop délurés pour qu'il osât se confier à eux. Émile buvait, plutôt, vidant verre sur verre à la santé de Charles qui payait les tournées sans

regarder à la dépense. Et alors il devenait hardi, relu-
quait les filles, faisait le paon pour épater la galerie
bien qu'il sût — ivre ou non — que tout cela était une
parade et que la véritable personne devant laquelle il
se devait de faire preuve d'audace, c'était cette Gret-
chen qui le figeait sur place. Et de se savoir lâche et
veule le rendait encore plus triste. Alors il doublait les
rasades, de sorte qu'à la fin il roulait sous la table au
grand plaisir de ses deux acolytes qui le ramenaient à la
maison en chantant des chansons grivoises.

Sa mère était consternée de le voir arriver dans
cet état. Elle le poussait vers sa chambre pour le cacher
de la vue de son mari. «Que faire, se disait-elle, de cet
enfant qui glisse sur la pente de la fainéantise et de
l'alcoolisme? Que faire de ce poète taciturne qui se
mure dans son silence et ne cultive qu'une rêverie
insensée?»

Car il était clair que le comportement d'Émile
empirait de jour en jour et qu'elle devait craindre le
pire pour lui. Et si encore, entre le père et le fils, il y
avait eu un semblant de connivence. «Toujours à cou-
teaux tirés, ces deux-là. Ils se détestent comme chien et
chat.» Et Mme Nelligan pleurait chaque soir sur l'épave
de son fils alors que, lui, Émile, sombrait de jour en
jour dans cette neurasthénie qui lui rendait la vie irres-
pirable. Toujours, la vision de Gretchen et son incapa-
cité d'aller au-devant d'elle, de faire les premiers pas.
Plus les jours passaient, plus le rapprochement lui
paraissait improbable. Et devant un constat aussi acca-
blant, Émile s'enlisait dans sa mélancolie.

Il décida de sortir de sa torpeur une fois pour
toutes et de se rendre sous le lampadaire. Gretchen

jouait du Chopin. Elle y mettait toute son âme, espérant que les notes chargées, gorgées de sa vie, de son amour atteindraient enfin le cœur de celui qu'elle désirait de toutes ses forces. Car elle l'aimait véritablement, ce poète égaré dans son siècle. C'était son Chopin à elle qu'elle chérissait et qu'elle aurait tant voulu prendre sous son aile. «Ah! s'il faisait un premier geste, un seul!» Elle lui donnerait la main, le guiderait, le protégerait contre les vautours de la vie. Avec elle, il serait en sécurité. Il pourrait écrire à son aise de la poésie pendant qu'elle, aimante, nourricière, dévouée, veillerait sur son chérubin à l'aile cassée.

Et alors Gretchen osa ce qu'elle n'aurait jamais pu imaginer, si elle n'avait pas été poussée par le désir exacerbé de forcer Émile à se rapprocher d'elle. Faisait-elle bien, faisait-elle mal? Elle n'en savait rien, tout entière soumise à l'impulsion qui la menait contre son gré.

Elle avait vite perçu qu'Émile était revenu près du lampadaire. Il y avait si longtemps qu'elle l'attendait! Ce soir, il était là. Tout son être le sentait. Elle l'avait su chaque fois qu'il était venu se poster, spectateur immobile, à la frange de la lueur du lampadaire. Elle était musicienne, elle était artiste et les lois du désir et de l'invisible lui étaient familières. Il suffisait d'un jeu d'ombre pour que l'être aimé prît forme sous ses yeux et qu'elle le vît comme en plein jour.

Elle joua donc en y mettant toute son âme. Puis, quand elle eut terminé, elle s'approcha de la fenêtre, regarda l'ombre avec une rare intensité, fit demi-tour, se dirigea vers sa chambre à pas très lents.

Se doutait-elle qu'Émile l'avait suivie en contournant le pâté de maisons et qu'il avait pénétré dans la cour intérieure d'où il pouvait la voir à travers la fenêtre de sa chambre dont les rideaux n'étaient qu'à demi tirés ? Gretchen ne se posa pas la question. Elle procéda à son rituel du soir. Elle se déshabilla avec un parfait naturel, déposant chaque vêtement là où il devait aller, d'abord préoccupée de tout bien ranger.

Elle avait retiré sa robe, son jupon et surtout son bustier. Pour la première fois de sa vie, Émile voyait un sein tel qu'il était, rond, ferme et ployant légèrement sous son poids. C'était à la fois beau et décevant. «Ce n'est que cela», avait-il envie de dire.

Elle enleva ensuite les jarretières, les bas, puis vint le tour de la culotte. Alors, flambant nue, elle se dirigea vers sa commode, sortit sa chemise de nuit qu'elle enfila, s'avança vers la lampe qu'elle éteignit d'un seul souffle puis elle se glissa dans son lit.

Émile était bouleversé, médusé, partagé entre l'extase d'avoir vu pour la première fois un corps de femme et la déception en même temps que Gretchen se fût dévoilée et qu'il ne restât aucun mystère d'elle. Il n'osait pas répéter: «Ce n'est que cela», se disant que cette impression était sûrement fausse et qu'il n'avait pas passé une partie de sa vie à rêver de la nudité des femmes pour en arriver à cette terrible conclusion. Et il concentrait son attention sur la prégnante émotion qui l'avait saisi au moment où il avait fixé, hypnotisé, le triangle sombre au centre de son corps, comme si de là devait naître la réponse au mystère qui le hantait depuis longtemps. Or, le mystère s'était plutôt épaissi. Sa curiosité avait certes été apaisée, mais pour laisser place à un sentiment d'insatisfaction, de déception, d'angoisse même qui le laissait pantois.

Et le poète n'arrivait plus à bouger, décontenancé, déchiré par des sentiments contradictoires, comme si sa vision des êtres et des choses se devait, à la suite de cet événement, d'être réévaluée.

Il se décida enfin à partir. Il marcha au hasard, suivant ses pieds qui le menaient chez Arthur de Bussières, boulevard Saint-Laurent, près de la rue Marie-Anne. Rendu devant la mansarde de son ami, Émile poursuivit pourtant sa course, remonta vers le mont Royal, aiguillé par l'image d'Ilse, son adorée. Or, à peine eut-il atteint l'enceinte de la petite chapelle qu'il fit demi-tour, honteux d'avoir souillé un lieu si pur, convaincu que si Ilse le voyait de là-haut, elle en pleurerait de honte. «Comment peux-tu accourir sur les lieux de notre amour, toi qui viens de me trahir avec cette femme de la rue Laval? Comment oses-tu?»

Et Émile repartit le cœur gros, descendit vers le centre-ville, poussa jusqu'au port, erra de rue en rue, ne sachant que faire de cette angoisse qui lui serrait la gorge.

L'escapade d'Émile dura deux jours au cours desquels il mangea à peine, trouvant refuge dans des églises, caché dans le confessionnal au moment où on cadenassait les portes. Au petit matin, il attendait la première messe pour reprendre ses pérégrinations qui le menaient nulle part et qui ne lui apportaient du reste aucune paix de l'âme.

Quand il revint à la maison, il était hagard. Sa mère trouva qu'il avait le regard fou. Cependant, elle n'osa pas le semoncer. Elle se fit violence, refoula la colère que lui avait causée la fugue d'Émile en la plongeant dans les pires inquiétudes, le prit plutôt dans ses bras, le tint contre elle, puis, une fois qu'elle le crut apaisé, s'affaira à lui faire à manger, après quoi elle lui prépara un bon bain chaud pour que, pensat-elle, il se lavât des impuretés de la ville. Émile resta un bon moment dans la baignoire à rêver, puis il se dirigea vers sa chambre, tira les couvertures du lit pour sombrer dans un sommeil qui dura si longtemps que sa mère, paniquée, crut qu'il était mort. Elle tenta de le réveiller à plusieurs reprises.

Quand il se leva, il avait dormi plus de vingt-quatre heures. Il était tout aussi bizarre qu'à son arrivée à la maison. Sa mère préféra se taire et le laisser se restaurer, mais, aussitôt rassasié, il monta dans sa chambre et s'installa à sa table de travail.

Comme d'habitude, le travail de rédaction dura plusieurs heures, Émile s'obstinant à trouver le mot juste, l'expression heureuse, raturant dix fois, vingt fois, cent fois les mêmes vers. Ce pénible exercice donna ce poème dans lequel Émile, pour la première fois, parlait de la nudité des femmes. Il le faisait, lui semblait-il, avec beaucoup d'élégance bien que, à la fin, il ne pût s'empêcher de laisser éclater au grand jour la stupeur que la vue de Gretchen nue avait fait naître en lui :

Gretchen la pâle

Elle est de la beauté des profils de Rubens
Dont la majesté calme à la sienne s'incline.
Sa voix a le son d'or de mainte mandoline
Aux balcons de Venise avec des chants lambins.

Ses cheveux, en des flots lumineux d'eaux de
    bains,

Déferlent sur sa chair vierge de manteline ;
Son pas, soupir lacté de fraîche mousseline,
Simule un vespéral marcher de chérubins.

Elle est comme de l'or d'une blondeur étrange.
Vient-elle de l'Éden ? de l'Érèbe ? Est-ce un ange
Que ce mystérieux chef-d'œuvre du limon ?

La voilà se dressant, torse, comme un jeune arbre.
Souple Anadyomède… Ah ! gare à ce démon !
C'est le Paros qui tue avec ses bras de marbre !

Ainsi, au lieu de lui donner la paix, ce sonnet intensifiait son angoisse. Émile n'arrivait pas à comprendre pourquoi il sentait la nécessité de comparer Gretchen à un démon. Pourquoi effectivement cette souple Anadyomède, autre nom pour désigner Vénus, devenait-elle tout à coup rigide et froide comme le marbre illustre de l'île de Paros et menaçait-elle Émile de son bras meurtrier ?

Était-ce la vue de la nudité de Gretchen qui avait plongé le jeune poète dans cet état ? Comment savoir ? En fait, il pressentait que la solution de l'énigme était ailleurs, qu'elle logeait dans un coin secret de son âme, secret qu'il ne voulait dévoiler à quiconque, pas même à lui-même… Gretchen avait ouvert une brèche dans son âme, brèche qui le précipitait dans l'abîme. Un trou noir, un immense cratère sans fond…

Il resta ainsi plusieurs jours, prostré, neurasthénique et déprimé. Cela dura jusqu'à ce qu'il décidât d'aller voir Françoise, rue Saint-Denis, sa sœur d'amitié, celle grâce à qui plusieurs de ses poèmes avaient été publiés dans *La Patrie*. Cette femme, il l'adorait. À ses yeux, elle était l'image de la réussite telle qu'il la souhaitait pour lui-même. Née, comme lui, d'un père irlandais fort riche et d'une mère canadienne-française très en vue (l'oncle d'Aglaé Rouleau, sa mère, était archevêque-cardinal de Québec), Françoise[1] était la preuve qu'on pouvait réussir dans l'écriture. Célèbre, tenant salon dans son appartement de la rue Saint-Denis, correspondant avec des femmes illustres d'Europe et recevant l'intelligentsia de Montréal, Françoise était une égérie qu'on s'arrachait. De fait, elle avait toujours écouté Émile avec une infinie attention et l'avait judicieusement conseillé, l'encourageant, le publiant dans les journaux et lui prêtant sans lésiner tous les livres de sa bibliothèque qui l'intéressaient.

Entre Françoise et Émile, donc, une très grande amitié. Beaucoup de respect aussi étant donné qu'elle était beaucoup plus vieille que lui. Elle avait trente-cinq ans! Leur relation était donc purement amicale, mais d'une rare intensité. Émile lui avait dédié quelques poèmes dont le plus beau, aux yeux de Françoise, s'intitulait « Rêve d'artiste » :

> Parfois j'ai le désir d'une sœur bonne et tendre,
> D'une sœur angélique au sourire discret :
> Sœur qui m'enseignera doucement le secret
> De prier comme il faut, d'espérer et d'attendre.
>
> J'ai ce désir très pur d'une sœur éternelle,
> D'une sœur d'amitié dans le règne de l'Art,
> Qui me saura veillant à ma lampe très tard
> Et qui me couvrira des cieux de sa prunelle ;

---

1. Son vrai nom était Robertine Barry.

Qui me prendra les mains quelquefois dans les
   siennes
Et me chuchotera d'immaculés conseils,
Avec le charme ailé des voix musiciennes ;

Et pour qui je ferai, si j'aborde à la gloire,
Fleurir tout un jardin de lys et de soleils
Dans l'azur d'un poème offert à sa mémoire.

Quand il arriva chez elle, elle fut tout aussi sur-
prise de son comportement que la mère d'Émile. Il
avait vraiment l'air bizarre, mais au lieu d'être froid et
sans vie comme cela lui arrivait depuis quelque temps,
il se montra très fébrile, surexcité même. Il parlait sans
arrêt, marchait de long en large dans l'appartement,
tenait même des propos incohérents. Émile tint à lire à
son amie les nouveaux poèmes qu'il avait composés
depuis leur dernière rencontre et réserva le dernier,
« Gretchen la pâle », pour la fin.

Françoise écoutait Émile. Il lisait avec une force
jamais égalée à ce jour. Elle était éblouie par son talent.
Comment un enfant, car c'était encore un enfant,
pouvait-il atteindre de tels sommets dans l'art poétique ?
Elle n'arrivait pas à y croire. Elle n'osait pas non plus
exprimer une trop grande admiration. Il aurait pu en
tirer de l'orgueil et sombrer dans la facilité. Françoise se
montrait donc critique, chicanant sur tel mot, sur telle
expression. Chaque fois, Émile fronçait les sourcils, se
repliait sur lui-même, se montrait froissé de ses com-
mentaires, mais écoutait religieusement ses critiques.
De retour chez lui, et grâce à sa mémoire phénoménale,
il changeait souvent les mots mal aimés, tentait d'en
trouver d'autres plus beaux, plus musicaux.

La conversation se poursuivit tard dans la soirée et Émile osa ce qu'il ne s'était jamais permis à ce jour : il lui demanda de dormir chez elle. Françoise refusa avec fermeté. Cela ne se faisait pas, lui répondit-elle. Pour sûr, les mauvaises langues — et il y en avait beaucoup qui salivaient contre elle ! — cracheraient leur venin dès le lendemain matin. Non, il ne fallait pas.

Françoise était tout de même touchée. Il y avait un tel désarroi chez son beau poète qu'elle ne put s'empêcher de le prendre dans ses bras — chose qu'elle n'avait jamais faite — pour lui chuchoter des mots gentils qui pourraient l'apaiser.

Il se laissa faire. Qu'il était touchant ! Un petit enfant ! Ce n'était plus le poète qu'elle tenait contre elle, mais le mignon petit Émile qu'elle avait connu de nombreuses années auparavant lorsqu'elle rendait visite à Mme Nelligan. Il était là, complètement abandonné. Elle était attendrie. Cet enfant, c'était un peu celui qu'elle désirait avoir depuis quelque temps. « Étrange, non ? se disait-elle. Moi qui connais la gloire, qui peux me targuer d'être une célébrité, voilà que l'idée de faire un enfant n'arrête pas de me tarauder. » À vrai dire, c'est son corps qui se révoltait, qui lui disait que le temps passait et que, bientôt, elle ne serait plus à même de connaître le mystère et la joie de la grossesse. Françoise, qui n'avait jamais souffert de sa condition jusque-là, n'arrivait pas à croire qu'elle pût être ainsi obsédée par le désir d'être enceinte.

Pendant qu'elle rêvait de la sorte, tout heureuse de tenir appuyée sur son sein la tête de chérubin de son poète-enfant, Françoise ne se rendit pas compte qu'Émile était animé par de tout autres sentiments et qu'il se débattait avec ses propres images intérieures. Tout se mêlait dans sa tête. Voilà qu'Hilory refaisait surface et qu'il revoyait cette scène de Cacouna qui l'avait tant bouleversé. Or, il se retrouvait dans la même position, la joue collée contre le sein d'une femme adulée, pris d'un grand vertige parce qu'il redoutait de faire ce qu'il n'avait pas osé avec Hilory, courant le risque de tout perdre, essayant de se convaincre que les femmes sont toutes pareilles, chacune n'attendant que le moment où l'homme posera la main sur elle pour s'ouvrir alors comme les pétales d'une rose et livrer à son amant ravi son parfum divin. Et tandis que Françoise rêvait qu'elle tenait contre elle un enfant tout en caressant tendrement les beaux cheveux bouclés de son poète adoré, Émile était pris d'un désir fou qu'il n'arrivait pas à dominer.

Quand elle voulut le repousser, Émile refusa d'obtempérer. Françoise procéda d'abord par la douceur, mais elle ne réussit pas à le détacher de sa poitrine. Elle insista un peu plus. Il ne bougea pas d'un pouce. Excédée, elle s'impatienta et se leva brutalement.

Émile entra alors dans une colère monstre. Pour la première fois, il perdit tout contrôle devant elle et se laissa aller à des paroles d'une grossièreté sans nom. Françoise ne se laissa pas impressionner. Elle attendit que l'orage fût passé, puis le chassa de son appartement en le traitant de vaurien. «Fiche le camp et ne reviens plus jamais me voir. Tu apprendras qu'on ne parle pas de cette façon à une personne de mon rang. Surtout pas un enfant comme toi!»

Émile battit en retraite, complètement désemparé, et se retrouva dans la rue sans trop comprendre ce qui s'était passé.

Commença pour lui une autre période d'errance. Car l'événement était autrement plus grave que celui qu'il avait vécu sous la fenêtre de Gretchen. Françoise le rejetant, le monde entier lui était hostile. Cette femme était son passeport pour la gloire. Elle était son mentor, sa porte ouverte sur le vaste public. Elle publiait régulièrement ses poèmes dans *La Patrie*. Elle lui était d'autant plus essentielle que les relations d'Émile avec les représentants du *Monde illustré*, le journal rival, n'étaient pas au beau fixe depuis quelque temps. Cette rupture avec Françoise était, somme toute, une catastrophe.

Émile ruminait sa défaite, il errait dans les rues de Montréal sans arriver à décolérer. Il ne cessait de revoir la scène qui avait causé son renvoi brutal, essayait de se persuader que ce n'était pas lui le responsable, mais Françoise qui n'avait pas su le comprendre. « Les femmes sont méchantes, se dit-il, elles ne pensent qu'à elles. Françoise n'est pas mieux que les autres. Elle est un monstre d'égoïsme. »

Et cette fois-là, furieux et fielleux, convaincu de la méchanceté de celle qui l'avait pris sous son aile, Émile n'attendit pas d'être revenu chez lui pour écrire. Il trouva du papier, un crayon et se mit à griffonner partout, où qu'il fût, laissant choir les brouillons rejetés pour en arriver à la version finale de son poème de vengeance (il ne savait plus à la fin si c'en était un !) qu'il recopia d'une main appliquée pour l'envoyer presto à son ex-sœur d'amitié :

À une femme détestée

Combien je vous déteste et combien je vous fuis :
Vous êtes pourtant belle et très noble d'allure,
Les Séraphins ont fait votre ample chevelure
Et vos regards couleur du charme brun des nuits.

Depuis que vous m'avez froissé, jamais depuis,
N'ai-je pu tempérer cette intime brûlure :
Vous m'avez fait souffrir, volage créature,
Pendant qu'en moi grondait le volcan des ennuis.

Moi, sans amour jamais qu'un amour d'Art,
    Madame,
Et vous, indifférente et qui n'avez pas d'âme,
Vieillissons tous les deux pour ne jamais se voir.

Je ne dois pas courber mon front devant vos
    charmes ;
Seulement, seulement, expliquez-moi ce soir,
Cette tristesse au cœur qui me cause des larmes.

Sur le coup, Émile pensa que la rédaction de son poème lui apporterait la paix, mais il se rendit vite compte que ce n'était pas le cas. À vrai dire, il était toujours certain que sa rupture avec Françoise allait briser sa vie. Une fracture irrémédiable, peut-être encore plus grave que celle qu'il avait connue avec Ilse. Car Ilse, c'était comme un rêve. C'était un ange venu du ciel et qui y était retourné. Mais avec Françoise, c'était sa carrière qui était en jeu. Elle seule pouvait faire de lui un poète célèbre.

Elle seule ? Non pas ! Car il y avait aussi et surtout le père Eugène Seers dont les capacités étaient aussi considérables que celles de cette Françoise de malheur. Avec lui, grâce à lui, tout n'était pas perdu...

Et ce fut d'un pas assuré que le jeune poète se dirigea vers le parloir de la maison du Saint-Sacrement, avenue Mont-Royal près de la rue Saint-Hubert, se disant qu'il y trouverait là le soutien dont il avait intensément besoin, car il sentait que, si les choses continuaient à se précipiter à ce rythme endiablé, il sombrerait dans la folie...

Louis Dantin (Eugène Seers, 1865-1945), critique, poète et romancier,
entreprend la composition du recueil *Émile Nelligan et son œuvre*, en 1903.

7

Le conseiller du Très Saint-Sacrement

Pensant au père Seers, Émile ne peut s'empêcher d'évoquer en même temps l'image d'Arthur de Bussières. Impossible d'imaginer deux personnalités aussi différentes que celle d'Arthur de Bussières et celle du père Seers. Cette dissonante association fait sourire Émile. D'un côté l'insoumission, la révolte, l'extrême indigence d'un clochard-poète ; de l'autre la retenue, la discrétion, le respect des conventions.

Entre les deux, une fin de non-recevoir, car le père Seers[1] n'appréciait pas Arthur de Bussières qui

1. Le père Eugène Seers, mieux connu sous le nom de Louis Dantin, signait alors sous plusieurs pseudonymes : Eugène Voyant, Serge Usène, Louis Dantin, Eugène Cyr. Sous le nom de Louis Dantin, il rédigea la préface de la première édition des poésies de Nelligan. Cette préface

avait une influence néfaste sur Émile, même s'il recon-
naissait que ses idées en matière de poésie étaient tout
à fait avant-gardistes. De ce point de vue, il n'avait rien
à redire ; d'ailleurs, Arthur de Bussières et lui aimaient
les mêmes poètes : Verlaine, Baudelaire, Rimbaud. Il se
trouvait seulement que la vie qu'Arthur menait, les
excès auxquels il se livrait lui paraissaient hautement
condamnables et peu propices à favoriser le génie créa-
teur de Nelligan. « Il faut un minimum de paix et de
sérénité pour créer, répétait-il à Émile. Ce n'est pas en
menant une vie aussi dissipée et désordonnée que tu
trouveras le temps et l'énergie pour écrire ta poésie. »
Mais au fond de lui-même, le père Seers n'était pas
totalement convaincu de son jugement. Il savait que
c'était dans et par la souffrance que naissaient les gran-
des expériences spirituelles. Il pouvait en parler en
connaissance de cause, lui qui vivait un terrible tour-
ment. S'il semonçait Émile, c'est qu'il croyait que son
protégé dépassait nettement les bornes. Ce dernier
découchait à tout propos et semait la discorde dans le
ménage Nelligan. Et si, au moins, il avait disposé d'un
certain pécule, ç'aurait été un moindre mal. Mais il
était pauvre comme Job et devait quêter à gauche et à
droite pour pouvoir manger quelques miettes. Et puis,
mieux valait taire les excès d'alcool qu'il commettait
avec Bussières et Gill, ses deux amis.

Tout ce qu'il savait de son protégé, le prêtre l'avait
appris de la bouche de Mme Nelligan. Elle venait fré-
quemment lui faire part de ses déboires. Elle était

révèle l'extrême intelligence de son auteur. En fait, les propos qu'il y tient
pourraient être signés par un critique contemporain tant les idées sont
d'actualité.

catastrophée, vraiment inquiète du comportement de son fils. Le père Seers lui avait promis de le remettre dans le droit chemin, mais, au fond de lui-même, il était loin d'être sûr de pouvoir y parvenir.

Émile se taisait quand le père Seers le réprimandait, car il avait le plus grand respect pour cet homme dont la culture était immense et les conseils, d'une rigueur sans pareille. Il avait une foi inébranlable en lui. Émile avait eu mille fois l'occasion de vérifier sa science et son bon goût. Il n'avait jamais rencontré un homme aussi cultivé. Ses connaissances étaient incroyables. Il avait tout lu : les philosophes, les poètes, les tragédiens. Il en avait fait une synthèse qui étonnait le jeune Émile. À ses yeux, le père Seers était un dieu. Que Françoise fût brillante, il n'en doutait pas un seul instant. Mais elle n'était rien, comparée au père Seers qui la dépassait de cent coudées. Émile n'osait pas se l'avouer mais, devant lui, il se sentait comme un enfant. Si le père Seers n'avait pas manifesté une admiration aussi évidente pour ses poésies, sans doute ne se serait-il pas rendu chez lui plusieurs fois par semaine.

Leur rencontre datait de 1896. Elle avait eu lieu à un bazar auquel assistait sa mère. Émile y avait lu des vers, avait déclamé avec beaucoup d'âme des poèmes de Pamphile Lemay. Tous deux avaient alors fait connaissance, mais ce n'est qu'à l'automne de 1897 que leur amitié s'était scellée.

À cette époque, Émile était plongé en plein drame. Il était désemparé depuis la mort d'Ilse. Tout entier pris par sa souffrance, il était incapable de la confier à quiconque. Qu'est-ce qui l'avait incité à aller présenter ses poèmes au père Seers ? Il n'en savait rien. Il se souvenait seulement que, au bazar, ce dernier lui avait paru éminemment ouvert à la poésie et fin connaisseur. Ils avaient discuté librement de choses et d'autres. Puis, à brûle-pourpoint, le père Seers lui avait offert son aide pour peaufiner ses poésies.

— Votre mère m'a confié que vous faites de la poésie. Si vous avez besoin de mon aide, je suis tout à fait disposé à vous aider.

Et devant le silence d'Émile, il avait cru nécessaire d'en rajouter :

— Je connais bien la poésie moderne. J'ai vécu en Europe. J'ai voyagé et séjourné en Italie, en Belgique, en France. J'ai lu beaucoup de revues d'avant-garde et peux me targuer d'être très au fait de ce qui s'écrit là-bas. Et ne croyez surtout pas que ma fonction ecclésiastique me rende aveugle aux beautés de la modernité. Je suis assez ouvert pour lire sans vérifier à tout propos si c'est conforme aux enseignements de l'Église. Je saurai faire preuve d'ouverture d'esprit, n'en doutez pas.

Nelligan avait pris bonne note de l'invitation, mais s'était bien gardé d'aller lui rendre visite au parloir des pères du Très Saint-Sacrement. Il avait suffisamment subi l'autorité cassante de ses professeurs au collège pour courir le risque de se jeter dans la gueule du loup. Que le père Seers connût la poésie moderne, cela ne faisait pas de doute. Mais qu'il pût le guider, cela n'était pas aussi évident. « En tout ecclésiastique dort une inquisiteur », se répétait Émile pour ne pas succomber aux charmes de celui qui, il devait bien pourtant l'admettre, l'avait subjugué.

Il avait donc résisté. Et s'il avait fini par aller voir le père Seers, c'est qu'il était complètement désemparé et qu'il avait besoin, sinon de lui faire des confidences sur son amour pour Ilse, au moins de trouver un certain réconfort après la disparition de sa bien-aimée.

Émile s'était donc amené au parloir en cette fin d'octobre 1897 et avait demandé à voir le père Seers qui s'était montré ravi de sa visite. Ce dernier n'avait du reste fait aucune allusion au fait qu'il eût mis tellement de temps à répondre à son invitation. La conversation avait été plutôt malaisée au début, mais le père Seers avait eu la bonne idée de faire descendre son visiteur dans son atelier d'imprimerie. Là, seul avec lui, dans le désordre de ce local fleurant l'encre et le plomb fondu, Émile avait osé lui lire ses dernières poésies. Entre autres et surtout, deux poèmes qui disaient à l'état brut sa douleur devant son amour en allé. C'étaient «Chapelle dans les bois» et «Chapelle ruinée». Tout entier pris par les questions de prosodie, le père Seers n'avait pas vu — ou n'avait pas voulu voir — que les poèmes en question racontaient un drame amoureux réel. De son côté, le jeune poète s'était bien gardé de lui en faire confidence, car il avait trouvé ce qu'il voulait : une oreille pour l'écouter, pour entendre la douleur logée dans chacun de ses vers. Il avait surtout senti chez le père Seers une extrême attention. Celui-ci avait écouté ses poèmes plusieurs fois, attentif au rythme et aux rimes, après quoi il avait posé un jugement sur chacun d'eux. Et alors il avait obligé Émile à faire un exercice de réécriture qui avait été pour lui une révélation. Enfin, un maître capable de le faire avancer dans l'art de rimer et qui le faisait uniquement pour l'Art, animé par le seul goût du beau.

Car il n'y avait aucune rivalité entre eux bien que le père Seers lui eût confié qu'il faisait lui aussi de la poésie. Émile était ravi: jamais il n'avait vu une personne accorder une attention aussi intense à ses poèmes. Pas une seule fois le père Seers n'avait fait allusion à ses propres compositions comme c'était toujours le cas avec Arthur de Bussières ou Charles Gill.

Ils avaient travaillé ainsi tout l'après-midi, après quoi le père Seers l'avait congédié. Son travail de typographe le réclamait. Il lui avait signifié cependant son entière disponibilité pour poursuivre le peaufinage de ses poésies.

— Tu viens quand cela te plaît. Si je ne suis pas disponible, je te le ferai savoir. Et puis sache que tes poèmes sont exceptionnels. Tu as non seulement du talent, mais peut-être du génie. Rarement ai-je lu des sonnets d'une aussi belle facture et d'une si intense émotion.

Émile était retourné chez lui le cœur gonflé d'orgueil. Cet homme lui donnait des ailes. Et grâce à lui, il pourrait aller très loin, car le père Seers était d'une extrême sévérité, jugeant, par exemple, totalement inintéressants certains poèmes qu'Émile lui avait présentés. «Cela mérite la poubelle», avait-il affirmé. Le jeune homme en était resté estomaqué bien qu'il sût que le jugement du père Seers était fondé. Il avait avalé sa salive, rangé les poèmes rejetés, se disant qu'il aviserait avant d'obtempérer.

Il avait suffi d'une rencontre pour qu'Émile réagît comme un drogué. Par la suite, toutes les occasions étaient bonnes pour rencontrer le père Seers. Non seulement ils travaillaient beaucoup ensemble, mais ils sortaient parfois pour aller se promener, l'un et l'autre étant de grands marcheurs.

Une amitié était née.

Une amitié si intense que celle qu'Émile vouait à Arthur de Bussières avait été mise en veilleuse, tant la présence du père Seers lui était nécessaire.

Et c'est donc tout naturellement qu'il courut vers lui après la rebuffade que lui avait imposée Françoise.

Il arriva au parloir au petit matin après une nuit d'errance. Il était dans un état indescriptible, si fébrile que le père Seers ne put s'empêcher de penser que cet enfant était décidément mal en point sur le plan mental.

Le prêtre n'arrivait pas cependant à lui faire confesser son désarroi. Émile disait n'importe quoi pour éviter de dire l'essentiel, mais le père Seers le connaissait bien et savait pertinemment qu'il était dans un état d'extrême tension. Alors, pour l'inciter à s'ouvrir, il osa se confier à cet enfant en espérant qu'il lui avouerait enfin ses tourments intérieurs.

Il lui fit donc comprendre que tous les humains vivent parfois des situations tragiques et que, dans ces cas-là, il s'avère nécessaire de les confier à un tiers pour se libérer. «On a tous besoin de conseils et de réconfort, moi autant que les autres.» Et pour l'en convaincre, il lui raconta les tourments qui le déchiraient depuis des mois. Savait-il qu'il avait aimé et qu'il était père d'un enfant? Bien sûr que non, étant donné que c'était un secret bien gardé.

À peine avait-il fait cette confidence que le père Seers voyait dans les yeux d'Émile non seulement l'étonnement, mais aussi une encoche dans son œil gris qui prouvait à l'évidence qu'il venait de faire un immense faux pas. Aussi tenta-t-il de faire diversion, prétendant que tout cela avait eu lieu à son insu, qu'il l'avait appris bien après avoir été ordonné prêtre, mais que le fait de l'avoir découvert récemment avait empoisonné sa vie et lui avait fait perdre la sérénité à laquelle il avait toujours tendu. Or, s'il n'avait pas eu le soutien de ses supérieurs, peut-être ne serait-il jamais sorti victorieux de cette épreuve. Ceux-ci s'étaient montrés d'une totale ouverture d'esprit et l'avaient soutenu sans le juger, lui accordant toujours leur pleine confiance. « Sans eux, j'aurais été perdu. Je remercie particulièrement le père Tesnière qui a été mon confident et mon confesseur. »

Le père Seers se sentit un peu soulagé. En mentant, il avait évité le pire. Du moins, il l'espérait. « Qu'est-ce qui m'a pris de vouloir raconter ma vie à un enfant. Dieu, que je suis imbécile ! Je vais le perturber encore plus avec mes scandaleuses confidences. »

Et le père Seers constata encore une fois combien il était difficile d'être prêtre et renégat. Lui qui vivait un drame quotidien, il lui fallait se taire et prêter une oreille attentive aux souffrances d'autrui, laisser croire à tous ceux qui se confiaient à lui qu'il vivait en paix avec lui-même alors qu'il n'en était rien. Tout cela parce qu'il ne voulait pas décevoir ses parents qui ne pouvaient admettre que leur fils bien-aimé eût trahi le Christ et son Église comme Judas l'avait fait deux millénaires avant lui. Car c'est bien ce qui s'était passé.

Quand il regardait la courte trajectoire de son existence, le père Seers restait ébahi. Il avait tout eu pour lui : intelligence et forte personnalité. Sans doute à cause de cela, il avait connu une ascension fulgurante. Docteur en philosophie de Rome à l'âge de vingt-deux ans et ordonné prêtre un mois plus tard, il devenait aussitôt après secrétaire du Supérieur de sa communauté à Paris, puis, à l'âge de vingt-cinq ans, lui-même Supérieur à Bruxelles. Du jamais vu.

«Étais-je trop jeune pour assumer ces énormes responsabilités?» se demandait-il souvent. L'âge n'y était sans doute pour rien. Le père Seers aurait pu mener une vie tout à fait exemplaire si le doute ne l'avait pas assailli au moment où il terminait ses études de philosophie. À la lecture des philosophes des Lumières, il avait soudainement été ébranlé dans sa foi. Il se souvenait très bien de l'événement: c'était un soir de mai, le ciel était dégagé. Il voyait une multitude d'étoiles briller au-dessus de Rome. Et tout à coup, une certitude l'avait frappé de plein fouet: comment Dieu avait-il pu choisir ces minuscules êtres vivants qu'étaient les humains, prétendre qu'ils étaient faits à son image et à sa ressemblance, puis décréter que chacun d'entre eux avait droit à la vie éternelle? Ce dogme lui avait paru, ce soir-là, d'une totale absurdité. Il y avait plutôt vu la preuve de l'immense prétention humaine. «Au fond, c'est l'orgueil et le besoin d'éternité des humains qui les ont incités à créer de toutes pièces les religions et la vie éternelle. Nous sommes poussière, dit la Bible, et nous redeviendrons poussière.» Cette vérité lui avait paru soudain d'une telle clarté qu'il en était resté sidéré. Tout le reste n'était que mensonge. «Notre corps, une fois mort, s'était-il alors dit, ne sert qu'à alimenter le sol. Quant à notre esprit, sa seule éternité consiste à se maintenir vivant dans l'esprit de parents et d'amis qui nous ont aimés. De jour en jour, de mois en mois, l'image de ce que nous avons été s'estompera pour ne devenir, à la fin, qu'un souvenir fugace et insaisissable. Seule peut-être la pensée écrite a-t-elle la possibilité de perdurer quelques siècles, voire quelques millénaires. Pour le reste, c'est l'inexorable vie qui poursuit son chemin, emportant avec elle des millions de vies humaines et tout autant de vies animales ou végétales. L'homme n'est, en somme, que la nourriture d'une planète qui roule, imperturbable, sur son axe sans véritablement se préoccuper du sort de ces infimes particules que sont les êtres vivants. Quand j'écrase une fourmi sous mon pied, est-ce que je me pose des questions? Non. Je continue mon chemin comme si de rien n'était parce qu'une fourmi n'est qu'une fourmi, c'est-à-dire rien du tout. Nous sommes les fourmis de la terre, nous ne sommes rien... »

Cette certitude, le père Seers n'avait heureusement pas osé la dire à Émile, sachant qu'elle l'aurait encore plus plongé dans la confusion. Et bien sûr, il ne modifia pas sa version des faits concernant sa paternité. Car c'est en Belgique en 1892, alors qu'il était bel et bien prêtre, qu'il avait rencontré une jeune Bruxelloise à qui il avait fait un enfant.

Depuis ce temps, sa vie était un enfer. Toute la communauté était au courant de ses écarts de conduite. On lui avait cependant donné carte blanche. Il était dispensé de la pratique religieuse, car les supérieurs de la communauté, qui avaient la plus grande estime pour le père Seers, espéraient qu'il reviendrait dans la bonne voie et qu'il retrouverait bientôt la foi.

Le père Eugène Seers vivait donc dans le mensonge quotidien, simulant une foi qu'il n'avait plus depuis quelques années, poursuivant un ministère comme si de rien n'était alors qu'il était totalement divisé entre le désir constant de quitter sa communauté pour aller retrouver sa belle Bruxelloise (ce qu'il avait fait une fois) et le besoin de ne pas décevoir ses parents, de même que ses supérieurs qui misaient sur le temps pour qu'il revînt à ses vrais sentiments.

Ainsi, les tourments d'Émile, le père Seers était tout à fait à même de les comprendre. Il enviait son protégé d'une certaine façon. Rien n'empêchait Émile de lui confier ses déchirements intérieurs alors que lui, revêtu de la soutane sacrée, était soumis au supplice du silence. Car le moindre aveu, il l'avait bien vu dans les yeux d'Émile, provoquait la panique. Tout chrétien qui se respectait ne pouvait admettre le comportement du père Seers. C'était tout simplement scandaleux. Et le scandale devait être tu.

Devant cette évidence, le père Seers souhaita que le peu qu'il avait dit à Émile n'ébranlerait pas sa foi. Et pour le lui faire oublier, il bifurqua aussitôt sur les questions de poésie, espérant que le jeune homme trouverait là un moyen d'apaiser sa tension.

Par chance, Émile osa enfin lui confier qu'il s'était brouillé avec Françoise et qu'il ne voulait plus avoir le moindre contact avec elle. Il expliqua au père Seers que celui-ci était dorénavant son seul conseiller et qu'il songeait depuis quelque temps à faire un livre de ses poèmes. Il avait même, lui dit-il, trouvé le titre du recueil. Ce serait *Le récital des anges*, titre qui plut beaucoup au père Seers.

Devant l'enthousiasme communicatif du poète, le père Seers lui déclara que si Émile voulait publier ses poèmes en recueil, non seulement il en ferait la composition typographique en vue de la publication, mais qu'il en rédigerait la préface. Il avait du reste commencé à en griffonner le plan. Il avait même trouvé son pseudonyme : Louis Dantin.

— En mémoire de Dante, sans doute, dit-il, pensif.

Alors commença, entre les deux amis, une heureuse collaboration. Presque quotidiennement, Émile se rendait chez le père Seers pour peaufiner son recueil grâce auquel, il en était certain, il deviendrait célèbre,

Émile avait commencé à en imaginer la structure alors que le père Seers se montrait uniquement préoccupé par la qualité de chacun des poèmes. «Chaque chose en son temps», lui répétait-il. Ils avaient donc des séances intenses. Nelligan récitait par cœur tous ses poèmes. Il lui arrivait même d'improviser sur place. Alors son mentor prenait les vers en note, vers que Nelligan rapportait chez lui pour les retravailler.

Cependant, à mesure que le temps avançait, le père Seers voyait bien que l'état mental de son protégé se détériorait. Souvent après ses séances d'improvisation, Émile passait d'une euphorie (qui fascinait le père Seers, tant il semblait possédé par l'inspiration divine) à une indifférence totale, comme si les moments de création intense n'avaient tout simplement pas eu lieu. On aurait dit deux personnalités antinomiques, l'une fébrile, tout entière habitée par la poésie, l'autre détachée de l'art, absente pour ainsi dire du réel immédiat.

Tout cela paraissait d'autant plus inquiétant au père Seers qu'Émile était sujet à des hallucinations de plus en plus fréquentes. Les derniers mois où ils se rencontrèrent, c'est-à-dire au cours de l'année 1899,

Émile versait carrément dans le délire. La nuit, il avait, disait-il, des visions qui le bouleversaient des jours entiers. Parfois, c'étaient des jeunes filles blondes aux yeux d'azur qui venaient lui chanter des mélopées en des langues inconnues et dont la beauté le hantait. D'autres fois, cependant, c'étaient des êtres immondes qui tentaient de s'attaquer à lui, de le lacérer de leurs griffes et dont il n'arrivait pas à s'échapper. Il sombrait alors dans une paranoïa qui lui rendait la vie impossible. Il marchait de long en large en tenant des propos incohérents, sujet à un délire qui l'épuisait, tant ses hallucinations envahissaient son esprit.

Il essayait de mâter ces visions grotesques en les couchant sur papier :

> Or, j'ai la vision d'ombres sanguinolentes
> Et de chevaux fougueux piaffants,
> Et c'est comme des cris de gueux, hoquets
> d'enfants,
> Râles d'expirations lentes.
> D'où me viennent, dis-moi, tous les ouragans
> rauques,
> Rages de fifre ou de tambour ?
> On dirait des dragons en galopade au bourg
> Avec des casques flambants glauques[1].

Mais, le poème fait, d'autres apparitions venaient remplacer les précédentes. C'était une roue sans fin.

Le père Seers ne pouvait que constater la détérioration mentale d'Émile. Il aurait bien voulu l'aider à

---

1. Poème intitulé « Vision », tiré de « Fragments » (1902).

s'en sortir, mais il n'avait aucune idée de la manière d'y arriver. Et puis, lui-même était en symbiose avec son ami. À travers Émile, il vivait son propre drame, se disant que s'il persistait dans cet état d'indécision, il deviendrait lui aussi fou. Il devait agir, quitter une fois pour toutes sa communauté, mais il n'en avait pas le courage, paralysé lui aussi par la peur qui lui tombait dessus, qui l'étouffait littéralement. La folie d'Émile déteignait sur lui. L'un et l'autre glissaient lentement dans l'autre monde, celui où tout devient indifférent, celui où la souffrance se transforme en glace, engourdit tout l'être, le plonge dans un état de gel qu'on appelle catalepsie. Alors tout se givre, notre esprit, notre corps, et on éprouve la joie froide des bienheureux qui gisent dans leur tombeau de glace.

Et pensant à cet état de bienheureuse froidure, le père Seers éprouva une très grande inquiétude. «Il faut que je me sorte de cette torpeur qui m'envahit. Il faut surtout que j'en extirpe Émile...»

Le prêtre sentait qu'il devait faire un effort souverain, sans quoi ce serait la fin. Il se disait que cette séance de l'École littéraire de Montréal, à laquelle Émile s'était préparé en sa présence, serait peut-être le point de départ d'une nouvelle vie. Le jeune homme devait y lire «La romance du vin», ce 26 mai 1899. Il était fin prêt. Ce serait une révélation et la possibilité pour Émile de reprendre confiance en lui-même, car il avait été très affecté par la critique d'un certain de Marchy qui avait qualifié son poème «Le perroquet» de «franchement mauvais» après la séance du 17 janvier 1899.

Il pourrait enfin faire la preuve de son talent et cesser de se tourmenter inutilement.

Vue du Château Ramezay en 1887.
Émile Nelligan récite sa célèbre « Romance du vin » au cours d'une séance
publique de l'École littéraire de Montréal au Château Ramezay, le 25 mai 1899.

8

La romance du vin

Y a-t-il des signes précurseurs qui nous disent sans équivoque que la mort est là, qu'elle va frapper dans les instants qui suivront? La plupart n'en savent rien. Ils ne l'ont jamais vue de près. Ils sont donc décontenancés devant elle. Ils attendent, effrayés, qu'elle prenne possession du corps qui gît là, dans le lit.

Ce n'est pas le cas de sœur Marie-du-Saint-Sauveur. Elle sait que, dans quelques minutes, dans une heure tout au plus, ce sera la fin pour Émile. Ce n'est pas une intuition, c'est une certitude fondée autant sur des signes physiques que sur l'attitude générale du patient: tout à coup, la luminosité qui l'entoure se fait plus sombre, comme si toute la vie se résorbait à l'intérieur et qu'elle n'avait plus la force d'irradier. Il y a comme un signal d'alarme qui est lancé, un cri éteint qui marque la fin.

Sœur Marie-du-Saint-Sauveur trouve ce moment pénible. Elle a beau être croyante, c'est toujours avec angoisse qu'elle assiste à l'agonie d'un patient. On ne quitte pas la vie aisément. On s'y accroche comme si le passage de l'état terrestre à l'état céleste était terrifiant. Elle ignore ce qui se passe exactement à ce moment précis. Elle imagine que la mort tire de son côté et que la vie, épuisée, à bout de souffle, résiste malgré tout, terrorisée à l'idée de faire le saut dans l'inconnu. Puis, presque toujours, la résignation s'installe, le mourant accepte enfin de suivre son destin. Alors apparaît sur son visage une effroyable sérénité. La vie quitte lentement les mille et un vaisseaux sanguins, et une blancheur spectrale, qui vire au gris, couvre le corps. Les traits s'adoucissent, la mort a gagné, le moribond s'est résigné.

Pour se consoler, sœur Marie-du-Saint-Sauveur se convainc que ce moment correspond à celui où parents, amis et saints viennent au-devant de lui pour lui souhaiter la bienvenue et le faire basculer dans l'autre camp. « Entre en notre demeure, disent-ils en chœur, nous t'ouvrons la porte. Tu y trouveras la paix et le bonheur. » Et elle imagine que, plus loin, au bout du chemin, le Christ est là, accueillant et beau dans sa tunique immaculée. Il attend, puis Il tend sa main trouée, prend le nouveau venu par le cou et lui dit: «Te voilà enfin au Royaume de Dieu. Viens partager notre bonheur. Je suis avec toi pour l'éternité.» Alors le visiteur désincarné se jette aux pieds du Christ, embrasse le rebord de sa tunique et Le remercie de l'admettre au Paradis.

Sœur-Marie-du-Saint-Sauveur veut qu'il en soit ainsi. Trop de misère en ce bas monde. Et puis tous ces patients à l'esprit torturé, qui crient, geignent et souffrent, méritent un meilleur monde. Sinon à quoi servirait toute cette souffrance ?

Elle prie donc tous les jours pour le repos de l'âme de ceux et celles qu'elle a tendrement soignés. « Seigneur, donnez-leur le Paradis et surtout la paix de l'âme… »

La paix de l'âme, Émile ne l'a pas encore trouvée. Il lui reste quelques étapes à franchir sur son chemin de Damas. Si sa vie dans la cité a été infiniment courte, elle a été intense. Voilà sans doute pourquoi il se doit d'en faire le tour. Mais ce n'est pas lui qui choisit, c'est son imagination qui erre là où bon lui semble. Il est à sa merci. Il attend qu'elle braque son œil sur des pans entiers de sa vie.

Devant lui, la grille du Château de Ramezay, à quelques pas de la colonne Nelson, pas très loin de la chapelle Notre-Dame-de-Bonsecours. Il sourit. Ce lieu fut pour lui un endroit béni. Un endroit maudit aussi. Là, il a connu la tristesse et la gloire. C'est le symbole de sa vie : jamais un bonheur sans faille, toujours la douleur après la joie. Repensant à ses épreuves d'antan, il se dit qu'il est né pour la déchirure.

« Pourquoi cette vision pessimiste ? Le malheur a-t-il toujours été à mes côtés ? » Il fait oui de la tête. Et il se souvient des cheveux mouillés d'Ilse qui collaient à ses lèvres dans la petite chapelle juchée sur la montagne. Les cloches tintaient. En vain. À quoi bon aimer si c'est pour pleurer ?

Mais ses pensées reviennent à l'École littéraire de Montréal. «Que de naïveté, pense-t-il. Mon Dieu, que j'étais niais de croire que cette école m'apporterait la science qui me manquait! Heureusement que j'ai compris très vite que ce n'était qu'un simulacre. Et si au moins, il y avait eu la science! Au lieu de cela, des jeunes sans talent et sans véritable pensée qui lançaient des poncifs comme s'il s'était agi de réflexions géniales. Dérisoire!»

Et il se revoit entraîné par Arthur de Bussières dans ce cénacle qui se donnait des airs d'académie. Les rencontres avaient lieu à l'Université Laval, rue Saint-Denis. Et dire qu'Émile n'avait eu qu'à lire quelques poèmes pour être aussitôt admis à titre de membre régulier!

Parmi les doctes membres, certains lui étaient familiers: Joseph Melançon, Charles Gill, Arthur de Bussières. Quant aux autres, c'étaient des journalistes ou des avocaillons. Des gens dont les talents de créateur étaient loin d'être évidents.

Durant les réunions, Émile se surprenait à regretter de n'avoir pas participé à la fondation de l'École littéraire de Montréal. Là, au moins, il se serait amusé!

On lui avait raconté que des jeunes, connus sous le nom de «Groupe des six éponges», s'étaient retrouvés au café Ayotte, rue Sainte-Catherine, pour faire la bombe, comme à leur habitude, le samedi. Et alors, parce qu'ils se prenaient pour le nombril du monde, parce qu'ils se croyaient plus cultivés que tous les cancres qu'ils fréquentaient tous les jours, parce qu'ils avaient trouvé éminemment insignifiants et farcis de tournures incorrectes les discours entendus au

St. Lawrence Hall au cours d'un banquet politique, ils avaient décidé en ce soir de célébration, alors qu'ils étaient tous d'humeur joyeuse, pour ne pas dire gris, de créer cette école littéraire qui redonnerait une certaine noblesse à cette société en décomposition.

Le plus comique est que le projet avait eu une suite. Louvigny de Montigny avait plus tard lancé l'idée saugrenue de réunir, en ce jour béni du 7 novembre 1895, ses collègues et amis dans une salle de la «cour du Recorder», mise à la disposition du jeune Louvigny par son père, le chevalier et juge B. A. Testard de Montigny. La rencontre avait failli mal tourner, le tout s'était poursuivi dans un beau chahut, mais, par une sorte de hasard comme on en voit parfois, il en était ressorti un projet et des élections. L'École littéraire de Montréal était née en pleine cour de justice!

Après ces débuts haut en couleur, ce fut la grisaille. Les impétrants se prirent bien vite au sérieux. Et quand Émile fit son entrée dans le groupe, le 25 février 1897, il fut mis au supplice: il était tenu d'écouter des communications qui étaient trop souvent d'un ennui mortel. Avait-il besoin de se farcir les propos soporifiques débités par Germain Beaulieu sur les «Notions d'anthropologie»? Il supporta ces séances hebdomadaires pendant un mois, après quoi sa décision fut arrêtée: il n'irait plus perdre son temps dans ce cénacle où trop de gens se croyaient si importants. Il en avait assez gaspillé au collège!

S'il décida d'y revenir un an plus tard, c'est que les règles du jeu avaient passablement changé: au lieu d'organiser d'ennuyeuses conférences, l'École littéraire de Montréal avait choisi de se faire connaître auprès du grand public : une soirée publique était annoncée pour l'automne de 1898.

Il faut dire qu'Arthur de Bussières et Charles Gill avaient fait pression sur Émile pour qu'il revînt au bercail.

— Tu imagines l'impact qu'auront ces soirées littéraires ? Tous les notables y seront : le maire, les députés, le consul de France, sans compter les juges, les hauts gradés, les grands bourgeois accompagnés de leurs très dignes épouses. Tout cela parce que Louis Fréchette en sera la vedette. Il lira *Véronica*. Pendant les pauses, nous déclamerons nos poèmes. Ce sera le meilleur tremplin pour nous faire un nom.

Émile croyait profondément à son génie. Il avait cependant vite appris que la seule façon d'être reconnu, c'est d'être vu. Cela le décevait profondément. Il aurait voulu qu'on vînt à lui, qu'on le sollicitât. La vérité était qu'il devait s'abaisser à envoyer ses poèmes au *Samedi*, au *Monde illustré*, à *La Patrie*, après quoi il devait attendre qu'un gratte-papier acceptât de publier le poème qu'il lui avait soumis. C'était cette même personne qui fixait la date de la publication. Émile était parfois des semaines sans nouvelles. Et un jour, en ouvrant le journal, il constatait qu'on avait enfin fait paraître son poème.

Cette nouvelle initiative de l'École littéraire de Montréal lui plaisait donc beaucoup. Il savait qu'il gagnerait à ce jeu. Il marcha sur son orgueil et demanda à être réadmis à l'École. Sa réintégration se fit sans discussion. On l'invita même à lire trois de ses poésies au cours de cette soirée qu'on souhaitait mémorable. C'étaient « Le récital des anges », « Un rêve de Watteau » et « L'idiote aux cloches ».

La soirée fut effectivement un succès. La présence de Fréchette avait attiré une foule considérable. Ce dernier y lut son drame avec la puissance qu'on lui connaissait. Émile, de son côté, fut encensé dans *La Presse*, *La Patrie*, *La Minerve*, *Le Monde illustré*. On loua la beauté de ses poèmes et la qualité de son interprétation. Françoise crut même utile de reproduire « L'idiote aux cloches » dans *La Patrie*.

Pour Émile, c'était un jour de gloire, c'était la confirmation de son talent.

On peut imaginer l'immense déception qu'il éprouva à l'occasion de la deuxième séance. Plein d'assurance, Émile était convaincu de faire encore meilleure impression. L'invité d'honneur était l'historien Laurent-Olivier David, aussi connu et recherché que Fréchette. Il avait décidé de parler de Louis-Hippolyte Lafontaine et de Louis-Joseph Papineau. C'est à lui que revenait l'honneur d'ouvrir et de clôturer la soirée. L'événement aurait lieu au Monument national le 14 février 1899. On s'attendait à un succès encore plus considérable que pour la première soirée étant donné que les principaux journaux de l'époque avaient annoncé l'événement, louant sans réserve cette heureuse initiative.

De fait, la soirée fut une réussite, à cette exception près que Nelligan n'y occupa pas, cette fois-là, la place d'honneur. Au contraire, on le bouda. Pire encore, un certain de Marchy, critique littéraire parisien de passage à Montréal, se moqua du poème intitulé «Le Perroquet» lu par Nelligan. «Son perroquet était franchement mauvais, disait-il, comme tous les perroquets qui ont une trop grande variété de couleurs dans leur plumage [1].»

Pour Nelligan, c'était la catastrophe. Il était profondément humilié. D'autant plus qu'il était le seul à faire l'objet de commentaires désobligeants. Cet événement le plongea dans un état d'extrême tristesse. Savait-on qu'il avait tout quitté pour la poésie? Savait-on que sa vie entière n'avait de valeur que par la poésie? Savait-on que le disqualifier, c'était porter atteinte à sa vie?

Émile sombra dans la dépression. Il se terra, fuit les réunions de l'École littéraire, n'accorda son amitié qu'au père Seers à qui il rendait régulièrement visite au parloir du Saint-Sacrement. Et quand on lui demanda de participer à la troisième séance de l'École littéraire, sa réponse fut catégorique: non!

Mais le père Seers insista. Émile revint sur sa décision et accepta de lire «Le suicide d'Angel Val d'or», poème qui disait sans équivoque son état d'âme.

Heureusement, le père Seers le convainquit de troquer ce poème un peu fade contre des sonnets plus réussis. Nelligan modifia donc à contrecœur son choix à la dernière minute et récita «Prière du soir», «Petit vitrail», «Amour immaculé» et «La passante».

Déception encore une fois pour Émile. Les journaux, qui rendirent compte de cette séance du 7 avril

---

1. De Marchy, «L'École littéraire de Montréal», *Le Monde illustré*, 15ᵉ année, nᵒ 775, 11 mars 1899, p. 706-707, cité dans Paul Wyczynski, *Nelligan 1879-1941. Biographie*, Montréal, Fides, coll. «Le Vaisseau d'or», 1987, p. 278.

au Château de Ramezay, n'en eurent que pour Louis Fréchette et Jean Charbonneau. On admirait les talents de Fréchette et on encensait la conférence de Charbonneau sur les symbolistes, conférence qui avait choqué Émile à cause des idées exposées par Charbonneau et qu'il jugeait décidément trop réactionnaires.

Nelligan éprouva alors un sentiment de rejet. Tout se passait comme si l'intelligentsia faisait marche arrière et reniait son idéal esthétique. Il avait suffi de la présence de deux « maîtres » français, Brunetière et Doumic, venus à Montréal pour y faire l'apologie d'une poésie académique, pour que tous les beaux esprits d'ici fassent marche arrière et se rallient à la vieille garde française. « Verlaine et Baudelaire ont été vilipendés. Et l'on applaudit ! Vraiment, les moutons suivront toujours sans mot dire, pensa Émile. Jean Charbonneau autant que les autres. C'est une honte ! »

Il prit de nouveau la décision de ne plus assister aux séances de l'École littéraire. Non pas, cette fois, parce qu'il s'y ennuyait, mais parce qu'il avait la nette impression d'être d'un autre monde. Émile n'osa pas s'avouer que c'était aussi par dépit. D'être ignoré, lui qui rêvait d'être le plus grand, l'avait littéralement anéanti. Et si encore ceux qui le dépassaient en avaient été dignes !

Émile était humilié. Il se replia sur lui-même. Délaissa ses amis Arthur et Charles, se terra dans sa chambre pour y travailler et retravailler ses poèmes.

Il vivait des moments terribles. Il avait perdu la foi. Tant et aussi longtemps qu'il avait cru à son talent, il s'était senti capable de soulever des montagnes. Il avait suffi qu'un petit scribouilleur l'éreintât pour tout jeter par terre. La critique, Émile ne pouvait la supporter. Elle l'assassinait, lui enlevait tout goût à la vie, le réduisait à néant.

Il travailla donc avec l'énergie du désespoir, mais quelque chose s'était cassé en lui. Chaque fois qu'il écrivait un vers qui lui paraissait extraordinaire, il souriait méchamment. Au lieu d'être content, il sentait la hargne monter en lui. Ah! s'il avait pu retrouver la joie qui le saisissait aux premiers temps de ses écritures! Au lieu de cela, les rimes s'enfonçaient en lui comme des pointes acérées. Chaque vers était une douleur. Il souffrait terriblement.

Sa mère était désespérée. Le père Seers aussi. Et n'eût été l'insistance de ce dernier, il est sûr qu'Émile ne se serait jamais rendu à cette quatrième séance tenue au Château de Ramezay le 26 mai 1899. Son conseiller avait même choisi les poèmes qu'il devait lire. Ce seraient « Le talisman », « Rêve d'artiste » et « La romance du vin ». Il avait insisté. Il fallait inscrire « Rêve d'artiste » même si Émile était brouillé avec Françoise. De toute façon, qui savait que ce poème lui était dédié?

Émile, vaincu, avait finalement cédé, mais à la toute dernière minute, de sorte que son nom, absent du programme publié dans *La Patrie*, avait été inséré dans celui qu'on publia dans *La Minerve* et dans *La Presse*. C'est le père Seers qui s'était occupé de tout, considérant que cet événement pourrait le remettre en selle. Sa prestation se devait d'être un succès, sans quoi il fallait craindre le pire…

Émile, de son côté, avait le sentiment d'aller à l'abattoir. Et c'est par pure rage qu'il s'y rendait. Si cette lecture était un échec, c'en serait fait pour lui : jamais plus il ne se présenterait en public, jamais plus il n'écrirait de la poésie. À quoi bon s'échiner si c'est pour n'être compris de personne ? Car Émile, solitaire, écorché vif, avait un besoin absolu d'être aimé. Il voulait que l'univers entier lui dît que ses nuits d'insomnie, son immense fatigue, ses nerfs à vif et ses égarements, de plus en plus fréquents, n'avaient pas été supportés inutilement. Il voulait qu'on lui dît qu'il avait du génie.

Le problème était qu'il n'y croyait plus. C'est donc à reculons qu'il avait décidé de déclamer ses poèmes, convaincu qu'il serait toujours un incompris et qu'il avait raison d'envisager de mettre un terme à cette activité dérisoire : mieux valait se taire plutôt que de brûler son énergie à vouloir parler à des sourds. Son rêve d'écrire des mélodies poétiques aussi prenantes que celles que chantaient naguère les Sirènes était bel et bien mort.

Plus le moment de sa lecture approchait, plus la hargne et la haine prenaient possession d'Émile. C'est donc dans un état second, furieux et désespéré, qu'il livra sa « Romance du vin » :

> Tout se mêle en un vif éclat de gaîté verte.
> Ô le beau soir de mai ! Tous les oiseaux en chœur,
> Ainsi que les espoirs naguères à mon cœur,
> Modulent leur prélude à ma croisée ouverte.
>
> Ô le beau soir de mai ! le joyeux soir de mai !
> Un orgue au loin éclate en froides mélopées ;
> Et les rayons, ainsi que de pourpres épées,
> Percent le cœur d'un jour qui se meurt parfumé.

Je suis gai! je suis gai! Dans le cristal qui chante,
Verse, verse le vin! verse encore et toujours,
Que je puisse oublier la tristesse des jours,
Dans le dédain que j'ai de la foule méchante!

Je suis gai! je suis gai! Vive le vin et l'Art!...
J'ai le rêve de faire aussi des vers célèbres,
Des vers qui gémiront les musiques funèbres,
Des vents d'automne au loin passant dans le
    brouillard.

C'est le règne du rire amer et de la rage
De se savoir poète et l'objet du mépris,
De se savoir un cœur et de n'être compris
Que par le clair de lune et les grands soirs d'orage!

Femmes! je bois à vous qui riez du chemin
Où l'Idéal m'appelle en ouvrant ses bras roses;
Je bois à vous surtout, hommes aux fronts moroses
Qui dédaignez ma vie et repoussez ma main!

Pendant que tout l'azur s'étoile dans la gloire,
Et qu'un hymne s'entonne au renouveau doré,
Sur le jour expirant je n'ai donc point pleuré,
Moi qui marche à tâtons dans ma jeunesse noire!

Je suis gai! je suis gai! Vive le soir de mai!
Je suis follement gai, sans être pourtant ivre!...
Serait-ce que je suis enfin heureux de vivre;
Enfin mon cœur est-il guéri d'avoir aimé?

Les cloches ont chanté; le vent du soir odore...
Et pendant que le vin ruisselle à joyeux flots,
Je suis si gai, si gai, dans mon rire sonore,
Oh! si gai, que j'ai peur d'éclater en sanglots!

De ce qui passa par la suite, Émile n'en garda toujours qu'un souvenir confus. Tout s'était déroulé si vite qu'il n'arrivait pas à mettre de l'ordre dans ses pensées. D'abord cette lecture dite avec l'énergie du désespoir, puis le sentiment absolument ahurissant de porter à bout de bras toute une salle et de l'entraîner dans une magie sonore comme elle n'en avait jamais connue jusqu'alors. Un moment si important que, pendant tout le temps qu'avait duré la lecture, Émile avait eu l'impression que la salle s'était détachée de ses amarres et qu'elle avait pris son envol.

Puis ç'avait été la stupeur. Un grand silence suivi d'une rumeur qui roulait dans la salle.

Hébété, Émile s'était senti soulevé, pris dans le mouvement, ne sachant ce qui lui arrivait sinon qu'il était porté par une foule en délire.

Ensuite, il y avait eu cet intermède. Quand au juste ? Après quelques heures, après quelques jours ? Chose certaine, cela ressemblait à un vide immense. Une succion vers le bas qui l'entraînait dans un silence si absolu qu'il en perdait conscience. Et cette phrase qui lui était alors venue à l'esprit : « Au delà du grand tumulte, du rire et des paroles humaines, il n'y a rien, il n'y a que le vide, l'immense vide sidéral des espaces interstellaires et le sentiment désespérant que toute parole est vaine et qu'il ne sert à rien de vouloir composer des poèmes. »

Émile resta prostré pendant des journées entières. Il avait beau tenter de réentendre son poème et répéter en martelant chaque mot : « Femmes ! je bois à vous qui riez du chemin / Où l'Idéal m'appelle en ouvrant ses bras roses ; / Je bois à vous surtout, hommes aux fronts moroses / Qui dédaignez ma vie et repoussez ma main!» il n'arrivait plus à retrouver l'émotion qui l'avait saisi, émotion telle qu'elle lui avait resserré la gorge, l'avait obligé à amplifier sa voix pour que passent à travers son œsophage les sons qui allaient provoquer ce moment dense qui avait fait de lui ce héros, ce demi-dieu si éblouissant que plusieurs avaient affirmé qu'il était le plus grand poète que le Canada eût produit.

Tout cela le laissait maintenant indifférent. Il avait la même réaction que devant le corps de Gretchen nue: «Ce n'est que cela! Ce n'est que cela!» se répétait-il sans cesse comme s'il avait perdu tout pouvoir d'étonnement et que toute vie s'était retirée de lui.

Il resta ainsi des jours, des semaines, l'œil fixé sur la fontaine du parc Saint-Louis. Il regardait sans voir. Il ne voyait ni en dehors ni en dedans...

Émilie Amanda Hudon (1856-1913),
mère du poète à laquelle il était profondément attaché.

9

Le dernier tableau

Maintenant qu'il a revu tous les moments impor-
tants de sa vie, Émile sait qu'il peut la quitter
sans regret. Bien sûr, il pressent que sa vie aurait pu
être tout autre s'il n'avait pas sombré dans cet état de
neurasthénie qui l'a rendu indifférent à tout. Peut-être
est-ce par pure lâcheté qu'il est resté en institution,
que, pour peu qu'il ait voulu faire les efforts que cela
aurait exigés, il aurait pu revenir dans la cité et con-
naître une vie à peu près convenable auprès des siens ?
Qui sait ? Sauf que l'idée même de devoir travailler
pour gagner sa vie l'épuisait avant même qu'il l'ait envi-
sagée.

Au fond de lui-même, Émile était loin d'être mal-
heureux de son sort. Il avait toujours été traité avec

respect sinon avec déférence. Il avait mené une existence sans souci du lendemain, sûr qu'il recevrait matin, midi et soir une pitance qui, au bout du compte, le satisfaisait pleinement.

La poésie l'avait fui. Le reste était sans importance. À quoi bon vouloir se battre pour sortir d'une institution si la petite lampe sacrée qui brûlait naguère en son âme ne pouvait plus être réanimée ? Car il a bien tenté d'en raviver la flamme, mais tout ce qu'il en est sorti, c'étaient des poèmes anciens, ceux qu'il avait écrits autant que ceux des poètes qu'il avait aimés, comme si son jardin intérieur avait été dévasté et qu'il ne restât plus de cette époque que des fleurs séchées.

Pourtant, cette stérilité ne le désespérait pas. Tout était mort en lui. Il se disait que, dans les circonstances, il valait mieux vivre l'indifférence que de retrouver les terribles moments de détresse qu'il avait connus au temps de son adolescence. L'angoisse est la pire des maladies. Elle l'avait grugé de l'intérieur, tué par en dedans et ne lui avait laissé aucun répit. Ne plus rêver, ne plus penser, ne plus espérer a été pour lui le meilleur des remèdes pour annihiler la douleur qui le tenaillait jour et nuit.

Et, constatant le temps passé, Émile se dit qu'il est fatigué et qu'il est temps de tirer sa révérence. Il veut le faire tout de suite, car il est à bout. L'idée de devoir assister à d'autres séquences de sa vie passée lui déplaît souverainement. « Mon Dieu, venez me chercher, je suis épuisé, je n'en peux plus. »

Il lui semble que, de toute façon, il n'y a plus rien en lui qu'un immense ennui et une fatigue séculaire. « À quoi bon rabâcher des souvenirs qui, de toute façon, sont sans intérêt ?» Au fond de lui-même, il sait que tout n'a pas été dit, qu'il lui reste encore un immense poids sur le cœur.

Et alors, il la voit arriver. Elle porte une longue jupe d'un bleu très foncé, presque noire et, comme autrefois, une blouse blanche à manches longues piquée de dentelle au collet et aux poignets. Ses cheveux ont été ramenés en un large chignon qui lui dessine comme un chapeau sur le crâne. Elle est belle comme elle l'a toujours été. Si belle qu'il ne peut s'empêcher de souhaiter voir de près ses beaux yeux tristes.

Elle avance vers lui, aérienne, légère, sautillant comme si elle enjambait des portées de musique. De loin, elle semble rire. En tout cas, elle sourit sûrement, elle qui n'a jamais eu le rire facile.

Plus elle approche, plus le cœur d'Émile bat. Heureusement qu'elle a un long parcours à faire, car il est si ému qu'il ne saurait pas quoi dire. Il ne pourrait pas supporter sa vue et, pour sûr, il s'enfuirait, préférant l'éviter plutôt que de rester les deux bras ballants, incapable de lui tendre la main, de la prendre par le cou, de lui offrir sa joue.

Mais elle est si loin — presque lointaine — que le cœur d'Émile a tout le temps de reprendre son rythme. Il n'empêche qu'il est bouleversé. Il y a si longtemps. Trente ans, trente-cinq ans, quarante ans ? Émile n'arrive plus à faire le compte. À quand remonte cette seule fois, à l'asile Saint-Benoît ? Et le simple fait d'y penser provoque chez lui une telle émotion que ses lèvres sont prises d'un irrépressible tremblement.

Il se souvient.

Elle était venue. Elle était là. Elle s'était avancée à pas lents puis, rendue à une certaine distance, l'avait longuement regardé. Ils étaient restés ainsi sans dire un mot. Et alors, elle s'était mise à trémuler comme si elle était possédée. Cela avait duré plusieurs secondes, après quoi elle avait éclaté en sanglots. À vrai dire, elle ne pleurait pas, elle gémissait comme un animal qui sait sa mort prochaine et qui lance son dernier chant. À la fin elle avait laissé échapper une insupportable plainte. C'était un cri déchirant qui sortait de sa bouche. On aurait dit du sang.

Elle n'avait pourtant pas bougé. Elle était restée là devant lui, pitoyable, vulnérable, baignant dans ses larmes cependant que ni elle ni lui ne tentaient de se rapprocher.

Émile la regardait, impassible, incapable de faire le moindre geste alors que, au plus profond de lui, il ressentait un bouleversement innommable. Il brûlait littéralement de l'intérieur, mais son corps restait rigide. Même ses yeux, qui semblaient ne pas la voir, fixaient un point idéal au-dessus sa tête.

Ils restèrent ainsi empêtrés chacun dans sa pose hiératique, presque irréelle. Puis ils se séparèrent dans le plus grand silence. Elle lui tourna le dos. Il lui tourna le dos. La page était tournée. Il ne devait plus jamais la revoir.

Or, voilà qu'elle est là, qu'elle s'approche à grands pas. Et alors, le miracle se produit: au lieu de rester à une bonne distance de lui, elle poursuit sa course et échoue dans ses bras.

Elle rit, elle pleure. Il rit, il pleure. Elle lui dit des mots d'amour. Il lui répète les mêmes mots, incapable d'inventer quoi que ce soit, tant l'émotion le rend niais.

Elle joue dans ses cheveux en lui disant : « Mon petit. Mon petit. Toute ma vie, tu m'as manqué. Si tu savais comme j'ai pleuré. Toutes les larmes de mon corps y sont passées. »

Alors Émile éclate d'un immense sanglot, plus lourd encore que celui que sa mère a lancé cette seule fois où elle est venue le voir à Saint-Benoît. Il pleure si fort qu'il n'arrive pas à dire ce qui lui pèse depuis quarante ans sur le cœur. Il essaie en vain, mais les mots s'arrêtent en chemin, se noyant dans son chagrin, et meurent inanimés avant même d'avoir pris forme.

Sa mère le serre contre elle en lui disant : « Pleure, pleure, mon petit. Laisse-toi enfin aller, laisse-moi te serrer tout contre moi. Ah ! j'en ai tant rêvé. »

Ils pleurent un long moment, rivés l'un à l'autre. Puis Émile, rassasié, peut enfin prononcer les mots qui sont restés coincés si longtemps dans sa gorge : « Mère, mère, pourquoi m'avez-vous abandonné ? »

Au centre, Béatrice Hudon, cousine germaine du poète, à qui il dédie son poème « Béatrice », en 1896. À gauche, Gertrude Freda (1883-1925) et à droite, Béatrice Éva (1881-1954), sœurs du poète.

Chronologie
Émile Nelligan
(1879-1941)

Établie par Michèle Vanasse

ÉMILE NELLIGAN ET SON MILIEU

1875
Mariage de David Nelligan et d'Émilie Amanda Hudon à Rimouski. David, né à Dublin en Irlande en 1848, a émigré au Canada avec sa famille en 1855 ou 1856. Il travaille au bureau de poste de Montréal depuis 1867. Émilie Amanda, née en 1856, est la fille du défunt maire de Rimouski, Joseph-Magloire Hudon.

LE CANADA ET LE MONDE

1875
Parution : *L'assommoir* d'Émile Zola.
Le compositeur George Bizet enflamme Paris avec son chef-d'œuvre, *Carmen*.

ÉMILE NELLIGAN ET SON MILIEU

1879
Naissance au 602 de la rue Lagauchetière, à Montréal, d'Émile Nelligan.

Mort du poète Octave Crémazie.

Les frères Casavant fondent à Saint-Hyacinthe la célèbre entreprise de facture d'orgues.

Début du journal *La Patrie*.

1881
Naissance de Béatrice Éva, sœur d'Émile.

Parution d'*Angéline de Montbrun* de Laure Conan dans la *Revue canadienne*. Le roman sera publié en livre en 1884.

1883
Naissance de Gertrude Freda, deuxième sœur d'Émile.

1885
Émile Nelligan commence son cours primaire à l'Académie de l'archevêché tenue par les frères des Écoles chrétiennes.

LE CANADA ET LE MONDE

1879
Publication de *Maison de poupée* du dramaturge norvégien Henrik Ibsen. La pièce provoque de violentes réactions en raison de ses prises de position en faveur du féminisme.

Autres parutions : *Les frères Karamazov* de Fedor Dostoïevsky, les *Contes* de Guy de Maupassant.

1881
Décès de l'écrivain russe Fedor Dostoïevski.

Parution : *La maison Tellier* de Guy de Maupassant.

1883
Friedrich Nietzsche publie *Ainsi parlait Zarathoustra*, son grand poème philosophique.

1885
Canada : soulèvement dans l'Ouest des Métis de Louis Riel qui craignent de perdre leurs terres aux mains du Canadien Pacifique. La pendaison de Louis Riel ébranle l'unité canadienne.

Parutions : *Germinal* d'Émile Zola, *Les aventures d'Huckleberry Finn* de Mark Twain.

ÉMILE NELLIGAN ET SON MILIEU

1886

Premières vacances familiales à Cacouna, station balnéaire située près de Rivière-du-Loup.

Émile Nelligan fréquente l'école Olier dirigée par les sulpiciens.

Il assiste avec sa mère au récital du virtuose polonais Ignace Paderewski.

1887

Déménagement de la famille Nelligan au 112 de l'avenue Laval (aujourd'hui numéro 3686), à Montréal.

Parution du recueil de poèmes *La légende d'un peuple*, de Louis Fréchette, dans lequel le poète retrace en vers les grandes étapes de l'histoire de son pays. L'ouvrage est couronné par l'Académie française.

1890

Après avoir passé l'été à Cacouna avec ses parents et ses sœurs, Émile Nelligan entre au Mont-Saint-Louis. Il commence à s'intéresser à la chose littéraire.

LE CANADA ET LE MONDE

1886

Canada : mise en service du chemin de fer transcontinental.

États-Unis : inauguration de la statue de la Liberté à New York pour commémorer l'alliance des Français et des Américains.

Parution : *Illuminations* d'Arthur Rimbaud.

1887

Québec : élection d'Honoré Mercier à la tête d'un parti national qui se caractérise par l'affirmation du nationalisme canadien-français. Mercier favorise la colonisation en créant l'année suivante le ministère de l'Agriculture et de la Colonisation, et s'adjoint le curé Labelle comme sous-ministre.

Arthur Conan Doyle publie le premier *Sherlock Holmes*.

1890

États-Unis : à Wounded Knee (Dakota du Sud), massacre par la cavalerie américaine des Sioux dirigés par le chef Big Foot.

France : Clément Ader fait voler le premier engin à moteur qu'il nomme « avion ».

Parution : *Tête d'or* de Paul Claudel.

ÉMILE NELLIGAN ET SON MILIEU	LE CANADA ET LE MONDE

1891

Robertine Barry, amie de Mme Nelligan, devient chroniqueuse à *La Patrie*, journal dirigé par Honoré Beaugrand. Sous le nom de plume de Françoise, elle collaborera à *La Revue nationale* et à *La Feuille d'érable*.

1891

Thomas Edison et William Dickson font breveter une caméra qu'Edison nomme *kinetograph* et un appareil à vision individuelle reconstituant le mouvement, le kinétoscope.
Parutions : *Bonheur* de Verlaine, *Le portrait de Dorian Gray*, unique roman d'Oscar Wilde.

1892

Émile Nelligan, au cours d'une séance dramatique et musicale au Mont-Saint-Louis, récite un poème. Il habite maintenant avec sa famille au 260 de l'avenue Laval (aujourd'hui numéro 3958).
Louis Fréchette publie *Originaux et détraqués*.

1892

La comédienne Sarah Bernhardt donne des représentations triomphales à l'étranger.
Parution : *Élégies* de Paul Verlaine.

1893

Émile Nelligan entre en éléments latins (huitième année) au Petit Séminaire de Montréal.

1893

Le poète français Stéphane Mallarmé publie le recueil *Vers et proses*.

1894

Nelligan reprend ses éléments latins et obtient quelques prix à la fin de l'année scolaire.
Chaque semaine au café Ayotte se tiennent les «saturnales littéraires» du «Groupe des six éponges», dirigé par Henry Desjardins et ensuite par Louvigny de Montigny.

1894

France : début de l'affaire Dreyfus, procès d'un officier juif accusé d'espionnage et envoyé au bagne. L'affaire divise la France en deux camps.
Rudyard Kipling publie *Le livre de la jungle* et Gabriele D'Annunzio, *Le triomphe de la mort*.

1895

Fondation de l'École littéraire de Montréal par Louvigny de Montigny et Jean Charbonneau.

1895

Paris : première séance publique du cinématographe des frères Lumière au Grand Café.

ÉMILE NELLIGAN ET SON MILIEU

1896

Nelligan entre au collège Sainte-Marie en syntaxe (neuvième année).

Il se lie d'amitié avec Joseph Melançon, Arthur de Bussières, Denys Lanctôt et rencontre le père Eugène Seers (connu sous le pseudonyme de Louis Dantin).

Nelligan écrit deux sonnets, « Béatrice » et « Les communiantes », et publie ses premiers poèmes, dont « Rêve fantasque », dans *Le Samedi* sous le pseudonyme d'Émile Kovar.

Passage à Montréal de la cantatrice Albany (Emma Lajeunesse) et de la tragédienne Sarah Bernhardt applaudie par Louis Fréchette et les membres de l'École littéraire.

1897

Les résultats scolaires pitoyables de Nelligan suscitent des tensions entre le fils et son père. Leurs relations se dégradent lorsqu'il abandonne définitivement ses études.

Nelligan devient membre de l'École littéraire de Montréal et lit ses poèmes au cours de quelques réunions : « Tristia », « Sonnet d'une villageoise », « Carl Vohnder est mourant », « Aubade », « Sonnet hivernal » et « Harem céleste ».

« Vieux piano », « Moines en défilade », « Paysage », « Le voyageur » et « Sculpteur sur marbre » sont publiés dans *Le Monde illustré* et « Rythmes du soir », dans *L'Alliance nationale*.

LE CANADA ET LE MONDE

1896

Canada : le Parti libéral de Wilfrid Laurier prend le pouvoir. Le pays connaît une période de prospérité. La population augmente de trois millions grâce surtout à la venue d'immigrants européens qui s'installent dans l'Ouest où apparaît une société nouvelle et rurale.

Québec : période de développement industriel marqué par l'essor de l'hydro-électricité, de l'industrie des pâtes et papiers et de la production minière.

Grèce : tenue à Athènes des premiers Jeux olympiques modernes.

Parution : *La mouette* d'Anton Tchekov.

1897

Canada : compromis Laurier-Greenway sur les écoles du Manitoba qui permet aux professeurs d'enseigner dans les deux langues dans les établissements qui accueillent un nombre spécifique d'élèves francophones.

Angleterre : le physicien Guglielmo Marconi établit la première communication par télégraphie sans fil, et Joseph John Thomson découvre la présence des électrons dans l'atome. L'Autrichien Theodor Herzl fonde le sionisme qui a pour but de créer un État juif en Palestine.

Parutions : *Nourritures terrestres* d'André Gide, *Cyrano de Bergerac* d'Edmond Rostand.

ÉMILE NELLIGAN ET SON MILIEU

1898

L'École littéraire de Montréal tient désormais ses réunions au Château de Ramezay.

Nelligan récite « L'idiote aux cloches », « Le récital des anges » et « Un rêve de Watteau » à la première séance publique de l'École.

Publication de « Sonnet d'or » et « Sur un portrait de Dante » dans *Le Monde illustré* et de « L'Ultimo Angelo del Corregio » dans *La Patrie*.

LE CANADA ET LE MONDE

1898

Les États-Unis interviennent dans la guerre entre l'Espagne et Cuba, qui devient indépendant sous tutelle américaine. L'indépendance de Cuba marque la fin de l'Empire espagnol en Amérique.

Les États-Unis profitent de la guerre pour annexer les îles Hawaï, déjà sous protectorat.

Paris : Pierre et Marie Curie découvrent le radium.

Parution : *La guerre des mondes* de H. G. Wells.

ÉMILE NELLIGAN ET SON MILIEU

1899

Lecture de « Bohême blanche », « Le roi du souper », « Le perroquet », « Le menuisier funèbre », « Le suicide du sonneur », « Le suicide de Val d'Or » à différentes réunions de l'École littéraire de Montréal.

Lecture de « Nocturne », « Les carmélites », « Notre-Dame-des-Neiges » au cours de la deuxième séance publique de l'École.

Lecture de « Prière vespérale », « Petit vitrail de chapelle », « Amour immaculé » et « La passante » au cours d'une troisième séance.

Lecture de « Rêve d'artiste », « Le talisman », « La romance du vin » et « Le Robin des bois » à la quatrième.

La chroniqueuse Françoise (Robertine Barry) publie « L'idiote aux cloches », « Le talisman », « L'organiste des anges » (« Sainte Cécile »), « Les communiantes », « Amour immaculé » et « Rêve d'artiste » dans *La Patrie*. Le journal publie également des portraits-dessins des membres de l'École dont celui de Nelligan.

En plein délire, Nelligan compose « Les corbeaux », « Le tombeau de Charles Baudelaire » et « Le vaisseau d'or ».

En août, il est interné à l'asile Saint-Benoît-Joseph-Labre à Longue-Pointe souffrant de « folie polymorphe ».

LE CANADA ET LE MONDE

1899

Québec : naissance du syndicalisme catholique. Mgr Bégin, archevêque de Québec, reconnaît aux ouvriers le droit de s'associer selon leur métier.

Canada : le leader canadien-français Henri Bourassa prêche un nationalisme pancanadien et s'oppose à toute participation aux guerres de l'Empire britannique.

Afrique du Sud : les Anglais du Cap déclarent la guerre aux Boers (descendants de colons néerlandais) du Transvaal. Vaincu, le Transvaal devient colonie britannique en 1902.

Canada : participation réelle mais modeste à la guerre des Boers.

ÉMILE NELLIGAN ET SON MILIEU

1900

Parution du recueil collectif *Les soirées du Château de Ramezay* qui contient 17 poèmes de Nelligan.
Louvigny de Montigny publie «Sieste ecclésiastique», «La romance du vin», «Clair de lune», «L'idiote aux cloches» et «Jardin sentimental» dans *Les Débats*. Il entretient le culte du poète absent.
Louis Dantin publie le recueil de poésie *Franges d'autel* dans lequel on trouve cinq poèmes de Nelligan.
Publication du roman historique *L'oublié* de Laure Conan.

1901

Publication d'«Amour immaculé» dans *L'Avenir* et des «Petits oiseaux» dans *La Patrie*.
Fondation du *Journal de Françoise* dirigé par Robertine Barry qui publiera plusieurs poèmes de Nelligan dont «La bénédictine» cette année-là.

LE CANADA ET LE MONDE

1900

Exposition universelle de Paris: projection sur écran géant des films de Louis Lumière et de Georges Méliès.
Premier vol du dirigeable *Zeppelin* au-dessus du lac de Constance.
Parutions: *Claudine à l'école* signé par Willy mais écrit en réalité par sa femme Colette, *Oncle Vania* d'Anton Tchekhov, *L'interprétation des rêves* de Sigmund Freud.

1901

États-Unis: Theodore Roosevelt est élu président.
Angleterre: mort de la reine Victoria, avènement d'Édouard VII, son fils aîné.

ÉMILE NELLIGAN ET SON MILIEU

1903

Publication dans la *Revue canadienne* d'un article de souscription, « Émile Nelligan et son œuvre », signé Louis Dantin. Sept poèmes y sont reproduits dont « Le vaisseau d'or » au complet. Mme Nelligan, aidée de Charles Gill, entreprend des démarches auprès des Éditions Beauchemin pour terminer l'impression du volume commencée par Louis Dantin qui s'est exilé aux États-Unis après avoir quitté sa congrégation.

1904

Publication de *Émile Nelligan et son œuvre*, qui réunit 107 poèmes, aux Éditions Beauchemin.
Parution d'un article de Charles Gill sur Nelligan dans *Le Nationaliste* fondé par Olivar Asselin.
Charles ab der Halden, critique littéraire français, donne une conférence sur Nelligan à Paris.
Mariage de Gertrude Nelligan, sœur du poète, et d'Émile Corbeil.

LE CANADA ET LE MONDE

1903

Québec : Olivar Asselin fonde la Ligue nationaliste, et les abbés Lionel Groulx et Émile Chartier, l'Association catholique de la Jeunesse canadienne-française (ACJC).
Canada : l'émigration dans l'Ouest et l'activité économique qui en découle mettent en évidence le manque de moyens de communication. Le premier ministre Wilfrid Laurier demande à la Compagnie du Grand Tronc de construire un nouveau chemin de fer transcontinental.
États-Unis : Henry Ford fonde la Ford Motor Company.

1904

États-Unis : réélection de Theodore Roosevelt qui poursuit une politique d'impérialisme colonial et l'emploi du *big stick* (gros bâton) pour protéger les investissements américains dans les pays latino-américains.
Entente cordiale franco-britannique face à la Triple-Alliance Allemagne-Autriche-Italie.

Émile Nelligan

ÉMILE NELLIGAN ET SON MILIEU

1906
L'étudiant en médecine Guillaume Lahaise (futur poète Guy Delahaye) rend plusieurs fois visite à Nelligan.
Dévoilement du monument érigé en l'honneur d'Octave Crémazie au carré Saint-Louis grâce aux démarches de l'École littéraire de Montréal.

1907
Seconde publication de « La bénédictine » dans *Le Journal de Françoise*.
Charles ab der Halden parle de Nelligan dans ses *Nouvelles études de littérature canadienne-française*.

1908
« À une femme détestée » et « Le vent, le triste vent de l'automne », des inédits d'Émile Nelligan, sont publiés dans *Le Journal de Françoise*.
Mort de Louis Fréchette à qui Nelligan avait dédié son poème « Les communiantes ».
L'École littéraire de Montréal fonde la revue *Le Terroir*.

LE CANADA ET LE MONDE

1906
France : réhabilitation du capitaine Alfred Dreyfus.
États-Unis : San Francisco est détruite par un tremblement de terre.
Russie : création d'une douma, assemblée consultative élue, à la suite des grèves ouvrières et des révoltes paysannes de l'année précédente.

1907
Les premières images sont transmises par câble de Paris jusqu'à Londres.
Parutions : *Le partage de midi* de Paul Claudel, *La mère* de Maxime Gorki.

1908
France et Angleterre : les suffragettes réclament le droit de vote.
Belgique : la Chambre vote l'annexion du Congo.
États-Unis : fondation de la General Motors Company.
France : création de *La Nouvelle Revue française* (NRF), au cœur de l'avant-garde parisienne.

ÉMILE NELLIGAN ET SON MILIEU

1909

Publication dans *Le Terroir* de trois inédits de Nelligan: «Le crêpe», «Un poète» et «Le tombeau de Chopin»; dans *Le Journal de Françoise*, publication de «À Georges Rodenbach».
Le Dr Ernest Choquette décrit sa visite à Nelligan dans un article intitulé «Émile Nelligan» et paru dans *Le Canada*.

1910

Mort de Robertine Barry, «sœur d'amitié» de Nelligan.
Guy Delahaye publie un recueil de poésie, *Les phases*, dédié au «génie éternellement vivant de Nelligan».
Henri Bourassa fonde *Le Devoir*.

1912

Dans un article sur la poésie au Canada, paru dans *Les Annales* de Paris, Auguste Dorchain fait l'éloge de Nelligan.
Alfred Laliberté coule un encrier en bronze représentant «Le vaisseau d'or» avec le poète à bord.
Parution d'un recueil de poèmes dédié à la mémoire de Louis Fréchette, *Le miroir des jours* d'Albert Lozeau.

LE CANADA ET LE MONDE

1909

Crise dans les Balkans: la Russie, qui soutient la Serbie, accepte l'annexion de la Bosnie-Herzégovine par l'Autriche, contre son gré.
L'aviateur français Louis Blériot traverse la Manche en avion.
L'Américain Robert Edwin Peary est le premier explorateur à atteindre le pôle Nord.

1910

Canada: vote d'une loi navale qui crée une marine canadienne à laquelle s'opposent les nationalistes canadiens-français (contre toute participation aux guerres européennes) et les conservateurs (pour une contribution financière à la marine anglaise). Laurier propose également le libre-échange avec les États-Unis. Il sera défait aux élections de 1911 à cause de ces deux questions.

1912

Naufrage du *Titanic*, le plus grand paquebot du monde, au large des côtes de Terre-Neuve.
Première à Paris de *L'annonce faite à Marie* de Paul Claudel.
Parution: *Mort à Venise* de Thomas Mann.

Émile Nelligan

ÉMILE NELLIGAN ET SON MILIEU

1913
Mort d'Émilie Amanda Nelligan, mère d'Émile Nelligan. Il ne l'avait pas revue depuis 1902, lors de la seule visite qu'elle lui avait faite à l'asile.
Mort du poète Arthur de Bussières, ami de Nelligan.

1914
« L'idiote aux cloches » est publié dans *Le Passe-temps* et mis en musique par D.-A. Fontaine.
Publication du roman de Louis Hémon, *Maria Chapdelaine*, dans *Le Temps* de Paris.
Le roman *Le débutant* d'Arsène Bessette est condamné par Mgr Bruchési.
Naissance de Félix Leclerc.

1916
Jean Charbonneau, auteur *Des influences françaises au Canada*, premier volume, consacre un chapitre à Nelligan.
Naissance d'Anne Hébert.

LE CANADA ET LE MONDE

1913
Le jeune avocat Gandhi fonde le Native Indian Congress et prône la non-violence.
Parutions : *Le Grand Meaulnes* d'Alain-Fournier, *Du côté de chez Swann* de Marcel Proust.

1914
Première Guerre mondiale : l'assassinat de l'archiduc héritier d'Autriche-Hongrie, François-Ferdinand, à Sarajevo, en Bosnie-Herzégovine, par un terroriste serbe déclenche un conflit mondial. D'un côté, l'Autriche et l'Allemagne ; de l'autre, la Russie, la France et la Grande-Bretagne.
Canada : participation à la guerre car le parlement d'Ottawa soutient la cause de l'Empire britannique.

1916
France : lourdes pertes à la bataille de Verdun. La responsabilité d'enrayer la progression allemande est confiée au général Philippe Pétain.
Parution : *La métamorphose* de Franz Kafka.

ÉMILE NELLIGAN ET SON MILIEU

1917

Premier numéro de *L'Action française* lancée par la Ligue des droits du français auquel se joint l'abbé Lionel Groulx.

Fondation à Québec de la Société des Arts, Sciences et Lettres.

1918

Robert Laroque de Roquebrune publie *Hommage à Nelligan* dans la nouvelle revue littéraire *Le Nigog*.

Rédacteur sportif et critique d'art à *La Presse*, Albert Laberge publie *La Scouine*.

Décès du peintre et poète Charles Gill, ami de Nelligan et admirateur de son œuvre.

LE CANADA ET LE MONDE

1917

Canada : le Parlement vote la conscription. Le Québec s'y oppose fortement et cette crise provoque un déchirement de l'unité nationale.

États-Unis : entrée en guerre aux côtés des Alliés.

Russie : révolution russe, le tsar abdique. Les bolcheviks de Lénine prennent le pouvoir et signent une paix séparée avec l'Allemagne.

Parution : *Poésies* de Paul Éluard.

1918

Fin de la Première Guerre mondiale. L'armistice est signée le 11 novembre. Le bilan est tragique : au moins 13 millions de morts, des dégâts considérables surtout dans les Balkans, en Pologne et en France. À cela s'ajoute l'épidémie de grippe espagnole qui fait plus d'un million de morts.

Canada : droit de vote accordé aux femmes.

Mort du poète Guillaume Apollinaire et prix Goncourt à Marcel Proust pour son œuvre *À l'ombre des jeunes filles en fleurs*.

ÉMILE NELLIGAN ET SON MILIEU

1919

Mise en musique de «Soirs d'automne» et du «Sabot noir» de Nelligan par Charles Beaudoin.
Parutions: *Le cap Éternité* de Charles Gill, *La naissance d'une race* de Lionel Groulx, *Récits laurentiens* de Marie-Victorin, *Cours d'histoire du Canada* de Thomas Chapais.

1920

Jules Fournier compile une *Anthologie des poètes canadiens*, document majeur sur l'évolution de la poésie québécoise depuis ses origines. L'ouvrage contient 18 poèmes de Nelligan.

1921

La revue *Collège Sainte-Marie. Souvenir annuel* publie le texte écrit par Nelligan en 1896 comme devoir de classe, «C'était l'automne... et les feuilles tombaient toujours».
Les Cahiers de Turc de Victor Barbeau commencent à être publiés.

LE CANADA ET LE MONDE

1919

États-Unis: prohibition de l'alcool jusqu'en 1933.
Traité de Versailles: le traité de paix marque le début d'une réorganisation de l'Europe centrale et balkanique. Ainsi, la Yougoslavie est formée à partir de la Serbie, de la Croatie, de la Slovénie et du Monténégro.
Le projet du président américain Wilson d'une Société des Nations, qui assure la sécurité collective, est adopté. Le siège est établi à Genève.

1920

États-Unis: début des «années folles», années de prospérité de l'après-guerre jusqu'à la crise de 1929, années pendant lesquelles se crée un style de vie américain caractérisé par la possession de biens matériels qui assurent un plus grand confort (autos, radios, appareils ménagers).

1921

Canada: fondation de la Confédération des Travailleurs catholiques du Canada (CTCC), qui deviendra la Confédération des syndicats nationaux (CSN). Le libéral Mackenzie King est élu premier ministre.
Irlande: l'île est séparée en deux territoires autonomes, l'État libre d'Irlande, catholique, et l'Ulster, à majorité protestante, qui fait partie intégrante du Royaume-Uni.
Chine: fondation du parti communiste chinois. Mao Zedong est parmi les fondateurs.

ÉMILE NELLIGAN ET SON MILIEU

1922

Parutions : *Poèmes* de Jean-Aubert Loranger, *Poèmes de cendre et d'or* de Paul Morin, *Mon encrier* de Jules Fournier.

Nationaliste reconnu et écrivain engagé, l'abbé Lionel Groulx s'en prend à l'anglomanie d'une certaine élite canadienne-française et aux injustices de la Confédération dans *L'appel de la race*.

1923

La valeur musicale de la poésie de Nelligan est soulignée par Louis-Joseph de La Durantaye dans *Les Annales* de l'Institut canadien d'Ottawa.

Fondation de la Société des Poètes canadiens-français.

1924

Mort de David Nelligan à l'âge de 76 ans. Nelligan n'a pas revu son père depuis son internement.

Guillaume Lahaise (Guy Delahaye) est nommé médecin interne à l'hôpital Saint-Jean-de-Dieu.

Mort de la romancière Laure Conan.

Parutions : *L'ombre dans le miroir* de Jean Charbonneau et *D'un océan à l'autre* de Robert de Roquebrune.

LE CANADA ET LE MONDE

1922

Italie : Benito Mussolini, le Duce, chef du parti fasciste, forme le nouveau gouvernement. Le fascisme est une doctrine totalitaire et nationaliste opposé au socialisme.

URSS : le congrès des Soviets fonde l'Union des républiques socialistes soviétiques. Joseph Staline est élu secrétaire général du parti bolchevique.

Ulysse, de James Joyce, est publié à Paris.

1923

Allemagne : premier congrès du parti national-socialiste, parti présidé par Adolf Hitler. Quelques mois plus tard, il déclenche un putsch à Munich qui échoue et le conduit en prison.

Japon : la région de Tokyo est anéantie par un séisme d'une ampleur exceptionnelle.

Turquie : Mustafa Kemal proclame la République turque.

1924

URSS : mort de Lénine remplacé par une « troïka » dont fait partie Joseph Staline. L'Union soviétique est reconnue par plusieurs pays européens.

Parutions : *Anabase* de Saint-John Perse, *Vingt poèmes d'amour* et *Une chanson désespérée* de Pablo Neruda, *Manifeste du surréalisme* d'André Breton et *La montagne magique* de Thomas Mann.

ÉMILE NELLIGAN ET SON MILIEU

1925

Âgé de 44 ans, Nelligan quitte l'asile Saint-Benoît-Joseph-Labre et entre à l'hôpital Saint-Jean-de-Dieu après avoir passé trois jours dans sa famille.

Mort de Gertrude Nelligan-Corbeil, sœur d'Émile, à l'âge de 42 ans.

Émile Nelligan et son œuvre est réédité.

Parution du troisième volume des *Soirées de l'École littéraire de Montréal*. Un des « Souvenirs » est dédié à Émile Nelligan.

Robert Choquette publie *À travers les vents*, son premier recueil de poèmes.

1929

Nelligan a 50 ans. Il recopie de mémoire des textes de poètes français et anglais, et 18 de ses propres poèmes d'autrefois.

Le poète Alfred DesRochers publie *À l'ombre de l'Orford*, dont le réalisme et l'objectivité dans la description de la vie champêtre et du paysage québécois sont remarqués.

1930

Fondation du journal *L'Illustration* qui deviendra *Montréal Matin*.

LE CANADA ET LE MONDE

1925

Allemagne : Hitler publie *Mein Kampf*, exposé dans lequel il glorifie l'hégémonie germanique.

Italie : le parti fasciste devient parti unique et Mussolini obtient les pleins pouvoirs.

Traité de Locarno entre l'Allemagne, la France, la Grande-Bretagne, l'Italie, la Belgique, la Pologne et la Tchécoslovaquie : il garantit les frontières fixées par le traité de Versailles, et les signataires s'engagent à recourir à l'arbitrage en cas de conflit.

URSS : première du *Cuirassé Potemkine* de Sergueï Eisenstein, un classique du cinéma.

Parution : *Le procès* de Franz Kafka.

1929

États-Unis : le jeudi noir, 24 octobre, la Bourse de New York s'effondre, c'est le krach de Wall Street.

Parutions : *Les enfants terribles* de Jean Cocteau, *Lettres à un jeune poète* de Rainer Maria Rilke et *À l'Ouest, rien de nouveau*, roman pacifiste d'Erich Maria Remarque.

1930

Parutions : *L'adieu aux armes* d'Ernest Hemingway, *Le soulier de satin* de Paul Claudel.

ÉMILE NELLIGAN ET SON MILIEU

1931

Deux carnets remplis de poèmes et de notes appartenant à Nelligan sont remis au journaliste et écrivain André Laurendeau par l'entremise du Dr Jean Panet-Raymond.
Parutions : *Gloses critiques* de Louis Dantin, *Bengalis* d'Arthur de Bussières.

1932

L'œuvre de Nelligan se fait connaître grâce à *L'heure provinciale*, une nouvelle émission radiophonique animée par Jean Charbonneau.
Troisième édition d'*Émile Nelligan et son œuvre* avec une préface de Louis Dantin et des notes du père Lamarche qui a souvent rendu visite au malade.
Nelligan transcrit de mémoire «Le tombeau de la négresse».
Durant l'été, il passe une journée à la maison de campagne d'Ahuntsic de son ami Gonzalve Desaulniers.
André Laurendeau rédige son *Manifeste de la jeune génération*.

1933

Parutions : *Né à Québec* d'Alain Grandbois, *Un homme et son péché* de Claude-Henri Grignon.

LE CANADA ET LE MONDE

1931

Canada : le statut de Westminster confirme l'indépendance du Canada par rapport à la Grande-Bretagne dans les domaines national et international.
Paris : Jacques Schiffrin lance « La Pléiade » avec les œuvres complètes de Charles Baudelaire.

1932

Canada : de nouveaux partis apportent des réponses à la crise : la CCF, Co-operative Commonwealth Federation, fondée par James Woodsworth, et le Crédit social, fondé par William Aberhart.
États-Unis : le président démocrate Franklin D. Roosevelt propose, dans les mois qui suivent son élection le New Deal, un plan de redressement économique.
Parutions : *Voyage au bout de la nuit* de Louis-Ferdinand Céline, *Le nœud de vipères* de François Mauriac.

1933

Parution : *La condition humaine* d'André Malraux.

ÉMILE NELLIGAN ET SON MILIEU	LE CANADA ET LE MONDE

1934

La mort de l'auteur Gonzalve Desaulniers, ami fidèle de Nelligan, affecte beaucoup le poète.
Dix-sept poèmes de Nelligan sont mis en musique par Léo Roy.
Parution : *Poèmes* d'Alain Grandbois.

1934

Allemagne : Adolf Hitler devient chef absolu de l'armée et du pays. Il dirige le Parti national-socialiste.
Chine : Mao Zedong entame la Longue Marche à la tête des communistes chinois afin d'obtenir le soutien actif de la population et de réaliser une révolution paysanne plutôt que prolétarienne.
Parution : *Tropique du Cancer* d'Henry Miller.

1935

Nelligan transcrit des textes en prose et en vers dans un carnet remis à Luc Lacourcière.
Jean Charbonneau publie *L'École littéraire de Montréal* dans lequel un chapitre est consacré à Émile Nelligan. L'École littéraire de Montréal est officiellement fermée cette année-là.
Parution de *Flore laurentienne* du frère Marie-Victorin.

1935

Canada : Mackenzie King redevient premier ministre après avoir passé cinq ans dans l'opposition.
Éthiopie : les troupes italiennes envahissent le pays, Mussolini désirant doter l'Italie d'un empire colonial.
Parutions : *Le sauvage* de Jean Anouilh, *La guerre de Troie n'aura pas lieu* de Jean Giraudoux.

1936

Il est inscrit au dossier médical de Nelligan que son état est stationnaire ; il reste toujours indifférent et fait de petits travaux.
Claude-Henri Grignon commence à publier *Les Pamphlets de Valdombre*.

1936

Renouveau politique au Québec : l'Union nationale de Maurice Duplessis remporte les élections.
Alliance de l'Allemagne hitlérienne et de l'Italie fasciste.
Espagne : début de la guerre civile entre les nationalistes d'extrême-droite du général Franco et les républicains.
URSS : la vieille garde bolchevique est liquidée par Staline.

ÉMILE NELLIGAN ET SON MILIEU

1938

Claude-Henri Grignon publie « Marques d'amitié » dans *Les Pamphlets de Valdombre*; il accuse Nelligan d'avoir signé des poèmes écrits par Louis Dantin, ce qui provoque des réactions indignées des anciens membres de l'École littéraire de Montréal.

Albert Laberge résume ses souvenirs de Nelligan dans *Peintres et écrivains d'hier et d'aujourd'hui*.

Ringuet publie *Trente arpents*.

1939

Dans son roman *Le beau risque*, François Hertel décrit sa visite avec ses élèves à Nelligan à l'hôpital Saint-Jean-de-Dieu; le poète a récité certains de ses poèmes dont « Le vaisseau d'or ».

La thèse de maîtrise du frère Michel-I. Kieffer, *L'École littéraire de Montréal*, étudie la participation de Nelligan à ses travaux.

1940

Parution du premier recueil de poésie du poète juif montréalais Abraham Moses Klein, *Hath not a Jew*.

LE CANADA ET LE MONDE

1938

Anschluss : par un coup de force, Hitler réunit l'Autriche au Reich allemand.

Accords de Munich : la France et l'Angleterre, par crainte d'un conflit, acceptent l'annexion du territoire des Sudètes en Tchécoslovaquie par Hitler.

Publication du premier roman de Jean-Paul Sartre, *La nausée*.

1939

Deuxième Guerre mondiale : l'invasion de la Pologne par l'Allemagne amène la France et la Grande-Bretagne à lui déclarer la guerre.

Canada : déclaration de guerre à l'Allemagne.

États-Unis : le pays reste neutre dans le conflit mondial mais fournit des armes aux Alliés.

Espagne : victoire de Franco.

Parution : *Terre des hommes* d'Antoine de Saint-Exupéry.

1940

L'Italie entre en guerre aux côtés de l'Allemagne.

Capitulation de la France : alors que le gouvernement du maréchal Pétain s'installe à Vichy, le général Charles de Gaulle appelle les Français à la résistance et forme les Forces françaises libres.

ÉMILE NELLIGAN ET SON MILIEU

1941

Mort d'Émile Nelligan le 18 novembre. Marcelle Thétrault-Cousineau, amie de sa nièce Juliette, esquisse un masque mortuaire du défunt. Il est inhumé au cimetière de la Côte-des-Neiges.
Parution: *Images et proses* de Rina Lasnier.

1942

Radio-Canada présente *Émile Nelligan*, un sketch de Roger Brien, dans sa série «Je me souviens».
Parution: *Les songes en équilibre* d'Anne Hébert.

1944

Décès d'Édith Larrivée, amie de Nelligan.
Début aux Éditions Fides de la collection «Nénuphar», sous la direction de Luc Lacourcière.
Victor Barbeau fonde l'Académie canadienne-française.
Parutions: *Au pied de la pente douce* de Roger Lemelin, *Contes pour un homme seul* d'Yves Thériault, *Les îles de la nuit* d'Alain Grandbois.

LE CANADA ET LE MONDE

1941

États-Unis: attaque des Japonais sur Pearl Harbor, Hawaï. Les Américains déclarent la guerre au Japon et à ses alliés, l'Allemagne et l'Italie.
L'URSS entre en guerre contre l'Allemagne. Le conflit est devenu mondial.

1942

Canada: le plébiscite sur la conscription est accepté par une majorité de Canadiens, mais refusé par une majorité de Québécois.
Parutions: *L'étranger* d'Albert Camus, *Les yeux d'Elsa* d'Aragon, *Exil* de Saint-John Perse, *Poésie et vérité* de Paul Éluard.

1944

Québec: l'Union nationale de Maurice Duplessis reprend le pouvoir et le gardera jusqu'en 1959.
Italie: les Américains marchent sur Rome.
France: débarquement allié en Normandie sous le commandement du général américain Dwight D. Eisenhower.
Pacifique: intervention massive des forces américaines qui refoulent les Japonais et progressent en direction du Japon.

ÉMILE NELLIGAN ET SON MILIEU

1945

Quatrième édition des poésies de Nelligan chez Fides, sous le titre *Poésies*, dans la collection «Nénuphar».

Mort de Louis Dantin, ami fidèle de Nelligan, éditeur et en bonne partie imprimeur de l'édition de ses poésies.

Mort d'Idola Saint-Jean, femme de lettres et admiratrice de la poésie de Nelligan.

Parutions: *Bonheur d'occasion* de Gabrielle Roy, *Le survenant* de Germaine Guèvremont, *Avant le chaos* d'Alain Grandbois.

1950

Les Carnets viatoriens publient une communication du poète Alfred DesRochers sous le titre «Nelligan a-t-il subi une influence anglaise?»

Le frère Lévis (Roger Fortier) soutient sa thèse de doctorat, *Le vaisseau d'or d'Émile Nelligan*.

Parutions: *Le torrent* d'Anne Hébert, *Escales* de Rina Lasnier, *La petite poule d'eau* de Gabrielle Roy.

1952

Poésies complètes, 1896-1899, première édition critique des poésies de Nelligan, est publié dans la collection «Nénuphar» chez Fides. Le texte est présenté et annoté par Luc Lacourcière.

LE CANADA ET LE MONDE

1945

Québec: période du duplessisme, action politique basée sur les valeurs traditionnelles, la terre, le travail, la famille et l'Église.

Japon: la première bombe atomique est larguée sur Hiroshima et met fin à la guerre.

Europe: défaite de l'Allemagne et fin de la guerre. Découverte des camps nazis.

Fondation de l'Organisation des Nations unies, l'ONU, dont le rôle est de maintenir la paix dans le monde et de veiller au maintien des droits fondamentaux de l'Homme.

1950

Québec: Gérard Pelletier et Pierre Elliott Trudeau fondent *Cité libre* qui s'attaque aux vieux thèmes du nationalisme traditionaliste.

États-Unis: les Américains interviennent lorsque la Corée du Nord communiste attaque la Corée du Sud. Cette guerre prendra fin en 1953.

1952

Canada: début de la télévision canadienne de langue française.

Parutions: *Le vieil homme et la mer* d'Ernest Hemingway, *À l'est d'Éden* de John Steinbeck.

ÉMILE NELLIGAN ET SON MILIEU

1954

Mort d'Éva Nelligan, sœur d'Émile.
Fondation des *Écrits du Canada français*.
Parution: *Journal* de Saint-Denys Garneau.

1955

Mort de Louvigny de Montigny.
Parution: *Rue Deschambault* de Gabrielle Roy.

1957

Les thèmes majeurs chez Nelligan, mémoire de maîtrise de Jacques Asselin, et *Émile Nelligan. Sources et originalité de son œuvre*, thèse de doctorat de Paul Wyczynski, sont présentés.
Parutions: *L'étoile pourpre* d'Alain Grandbois, *Boréal* d'Yves Préfontaine, *Les grands départs* de Jacques Languirand.

LE CANADA ET LE MONDE

1954

Guerre d'Indochine: après la victoire des communistes vietnamiens à Diên Biên Phu, la France est contrainte de quitter le pays. Les accords de Genève partagent le Vietnam en deux États: le Vietnam du Nord et le Vietnam du Sud.
Parutions: *Les mandarins* de Simone de Beauvoir, *Port-Royal* de Henry de Montherlant.

1955

Bloc de l'Est: pacte militaire de Varsovie entre les pays de l'Est.
Moyen-Orient: affrontements israélo-égyptiens après le refus du président Nasser d'Égypte de laisser passer les navires israéliens dans le canal de Suez.

1957

Canada: John Diefenbaker, du Parti conservateur, est élu premier ministre.
Europe: création de la Communauté économique européenne (CEE) dans le but de préserver une identité européenne face aux deux grands, l'URSS et les États-Unis, en se dotant d'un parlement et d'une politique économique commune.
Moyen-Orient: l'ONU obtient le retrait des troupes israéliennes du Sinaï et de la bande de Gaza, placée sous son contrôle.
Le diplomate canadien Lester B. Pearson obtient le prix Nobel de la paix.
URSS: lancement du premier satellite artificiel (*Spoutnik*).

ÉMILE NELLIGAN ET SON MILIEU

1958

Deuxième édition des *Poésies complètes, 1896-1899* d'Émile Nelligan.
Parutions : *Agaguk* d'Yves Thériault, *Un simple soldat* et *Le temps des lilas* de Marcel Dubé, *Les grands soleils* de Jacques Ferron, *Les chambres de bois* d'Anne Hébert.

1960

Mort d'Albert Laberge et de Jean Charbonneau.
Publication des *Images en poésie canadienne-française*, thèse de doctorat de Gérard Bessette.
Publication d'*Histoire de la littérature canadienne-française* de Gérard Tougas ; la place de Nelligan dans l'évolution de la poésie québécoise y est soulignée.
Paul Wyczynski publie sa thèse de doctorat sur l'œuvre de Nelligan dans la perspective de la littérature comparée.

1966

Lionel Lafleur fonde l'Association des amis d'Émile Nelligan qui organise la « Semaine Nelligan » pour commémorer le vingt-cinquième anniversaire de sa mort.
Troisième édition des *Poésies complètes, 1896-1899*.
Parution : *L'avalée des avalés* de Réjean Ducharme.

LE CANADA ET LE MONDE

1958

États-Unis : mise sur pied de l'Administration nationale de l'Aéronautique et de l'Espace (NASA) pour gérer l'exploration spatiale.
France : Charles de Gaulle devient président.
Parution : *Moderato cantabile* de Marguerite Duras.

1960

Québec : le Parti libéral de Jean Lesage prend le pouvoir et inaugure la Révolution tranquille.
États-Unis : élection à la présidence du démocrate John F. Kennedy.
Paris : premier récital d'ensemble de la « jeune poésie canadienne ».
Parution : *Chronique* de Saint-John Perse.

1966

Québec : Daniel Johnson, de l'Union nationale, devient premier ministre.
États-Unis : le bill des droits civils est adopté par le Congrès.
Guerre du Vietnam : les jeunes Américains contestent, préconisent l'amour et la non-violence ; les hippies du *flower power* expérimentent de nouveaux modes de vie fondés sur la convivialité et la libération des tabous.
Chine : Mao lance la révolution culturelle prolétarienne.

ÉMILE NELLIGAN ET SON MILIEU

1967

Publication d'*Émile Nelligan* de Paul Wyczynski dans la collection « Écrivains canadiens d'aujourd'hui ».

Parutions : *Salut Galarneau !* de Jacques Godbout, *Les cantouques* de Gérald Godin.

1968

Dix extraits de poèmes de Nelligan, tirés des carnets d'hôpital, sont publiés par la revue *La Barre du jour*.

Parution : *Trou de mémoire* d'Hubert Aquin.

LE CANADA ET LE MONDE

1967

Québec : Exposition universelle de Montréal. À l'occasion de sa visite, le président français Charles de Gaulle prononce son fameux « Vive le Québec libre ! »

Canada : parution du rapport préliminaire de la Commission royale d'enquête sur le bilinguisme et le biculturalisme qui incite le gouvernement fédéral à promouvoir le bilinguisme au sein de la fonction publique.

Moyen-Orient : nouveau conflit israélo-arabe, la guerre des Six Jours.

1968

Québec : René Lévesque fonde le Parti québécois et prône la souveraineté-association avec le Canada.

Canada : le libéral Pierre E. Trudeau est élu premier ministre.

États-Unis : assassinat de Martin Luther King, apôtre de la non-violence, et de Robert Kennedy, candidat des minorités et frère de John Fitzgerald Kennedy, lui aussi assassiné en 1963.

Le républicain Richard Nixon est élu président.

Mai 68 : contestation étudiante mondiale qui ébranle le pouvoir de De Gaulle en France.

Tchécoslovaquie : l'intervention des troupes du Pacte de Varsovie à Prague met fin à l'espoir des Tchèques de se libérer du joug soviétique.

Parution : *L'œuvre au noir* de Marguerite Yourcenar.

ÉMILE NELLIGAN ET SON MILIEU

1973

Paul Wyczynski dénombre et énumère tout ce qui est connu sur les écrits de Nelligan et sur Nelligan lui-même dans *Bibliographie descriptive et critique d'Émile Nelligan*.

1979

Centenaire de la naissance du poète : le prix Émile-Nelligan, créé par ses neveux Gilles et Maurice Corbeil, est remis annuellement à un auteur dont l'âge ne dépasse pas 35 ans.

LE CANADA ET LE MONDE

1973

Vietnam : retrait des Américains et chute de Saigon (aujourd'hui Hô Chi Minh-Ville).

Moyen-Orient : conflit israélo-arabe (guerre du Kippour) qui entraîne une forte hausse du prix du pétrole.

Chili : coup d'État du général Pinochet qui renverse le gouvernement socialiste de Salvador Allende.

1979

États-Unis : signature des accords de Camp David entre l'Égypte et Israël.

Cambodge : fin de la dictature de Pol Pot.

L'URSS envahit l'Afghanistan.

Iran : renversement du Shah et instauration de la république islamique.

Émile Nelligan dans les jardins de la résidence d'été du juge
Gonzalve Desaulniers, ami du poète et ancien membre
de l'École littéraire de Montréal (1932).

Éléments de bibliographie

NELLIGAN, Émile, *Poésies complètes 1896-1899*, texte établi et annoté par Luc Lacourcière, Montréal, Fides, coll. «Nénuphar», 1952, 336 p.

———, *Poésies*, préface de Louis Dantin, Montréal, Boréal, coll. «Compact classique», 1996, 240 p.

∞

COURTEAU, Bernard, *Nelligan n'était pas fou!*, Montréal, Louise Courteau, 1986, 154 p.

MICHON, Jacques, *Émile Nelligan. Les racines du rêve*, Montréal/Sherbrooke, Les Presses de l'Université de Montréal/Les éditions de l'Université de Sherbrooke, 1986, 154 p.

ROBIDOUX, Réjean, *Connaissance de Nelligan*, Montréal, Fides, 1992, 190 p.

WYCZYNSKI, Paul, *Nelligan, 1879-1941. Biographie*, Montréal, Fides, 1990, 636 p.

065236

Table